U0084441

埔農 著

# 原台灣人
# 身份認知辨悟

## 與台灣聞達人士問答錄

# 目次
# CONTENTS

# 自序

　　筆者完成揭開台灣史實眞相的《台灣受虐症候群》上、下冊及《失落的智慧樂土》後，本已精疲，以爲既已盡了身爲台灣人應有的本份，心想終於可以眞正休息了，把一切放下，就等著祖靈召喚吧。然而一些友人（尤其是基隆許先生）用心勸說，爲使台灣眞相更易彰顯，應該要再出版一本簡要但更清楚明瞭的小冊，專注於舉證、闡釋原台灣住民被污衊、洗腦後的身份迷失（原台灣平地住民誤以爲自己可能是唐山人後代），讓台灣民眾有較高的閱讀意願，以期提高台灣人理性醒覺的效力。筆者只好勉力再提筆。

　　認識、敬重自己的父母和祖先是基本人性。今日原台灣住民（尤其是原平地住民）身份的迷失，是遭受慣於弱肉強食的野蠻侵略者長期壓霸，在無奈下被

心靈扭曲所導致的。而台灣人身份的迷失和心靈的扭曲，正間接或直接地將這原本美麗之島逐漸往另一批野蠻侵略者的虎口送，著實令人憂心難眠。

今日台灣的困境，全在於台灣人身份的迷失。由於高階知識份子自幼就浸淫於中國壓霸集團的洗腦教化下，對台灣的基礎認知多是來自中國的欺騙。及長，雖能警覺中國人的自大、貪婪、陰狠、厚黑、壓霸且慣於偽造文書，知道要拒絕、要反抗，但由於原本的文明、文化被全面摧毀，心態上仍然受到「台灣人身份的被洗腦後迷失」所禁錮。而所謂風行草偃，使得一般台灣民眾更受到深化迷惑。因為大眾的錯誤認知，無論是來自學校教育或社會教化，絕大部分都是受聞達人士所影響。由於台灣聞達人士還未能率先從身份的迷思中清醒過來，連帶拖累多數的台灣民眾無法早日從「台灣受虐症候群」（重症斯德哥爾摩症候群）的心理禁錮中康復。所以，中國蔣幫壓霸集團繼承人，今日還可以隨意操弄全體台灣住民。

事實上，台灣聞達人士是得了「次台灣受虐症候

群」（次重症斯德哥爾摩症候群），使得台灣民眾受到連累而沒能早日從「台灣受虐症候群」（重症斯德哥爾摩症候群）中解脫。

　　「斯德哥爾摩症候群」是說：「受虐者遭受苦難無法掙脫而陷入絕望，有時恐懼心理會產生扭曲，由受虐而自卑，再轉而對施暴者的威風產生敬畏。敬畏其高高在上的威權，再由敬畏轉化成羨慕和認同。心理上以認同高高在上的施暴者來幻想自己也成了高人一等，用以減輕心理上的苦楚，甚或自滿。」這種精神與心理的變態，在世界上都是偶發的獨立個案。可憐在台灣，卻是被設計出來的全面性慘況，所以是「重症斯德哥爾摩症候群」。使得台灣人民在幾十年之後，多數人不知不覺地認盜作父、認賊作祖，且已延續達六十多年之久。全面性地歷經二至三代，已成劣幣驅逐良幣的「習呆奴生活為常態」，進入難以康復的窘境。

　　「次斯德哥爾摩症候群」是：「若知識較豐、自我意識較強，感受來自施暴者的痛苦較能持久，就會知道對直接的施暴者要拒絕、要反抗，不會直接認同

施暴者，但仍無法完全擺脫『斯德哥爾摩症候群』的影響。被壓迫產生的下意識自卑和也想要高人一等的心理苦楚，不知不覺地堅持認同施暴者那類人（把直接施暴者視為那類人的異類），用施暴者的相同身份撐起與之同地位的虛榮。」這種沒有認同施暴者，但仍向施暴者那「高高在上的身份假象」靠攏之心理扭曲，稱為次斯德哥爾摩症候群。

台灣聞達人士，雖能警覺中國人的自大、貪婪、陰狠、厚黑、壓霸且善於謊言，而知道要拒絕、要反抗，但心態上仍然受到「台灣人身份的被洗腦後迷思」所禁錮，自以為是漢人，或自以為至少是半漢人。

由於台灣聞達人士自甘為假唐山人、假漢人，中國壓霸集團侵略者更能有藉口鄙視台灣這塊土地上的住民了！台灣人在台灣遭受中國壓霸集團糟蹋時，外人看來像是你們家務事一般，雖替你們可憐，卻難置喙。最近馬幫新壓霸集團利用「台灣受虐症候群」於大選中重奪台灣政權，以台灣政府之名和中國簽了一些承認自己是地方政府領導人的協定，任由中國宰

割，世界上的民主國家也只好冷眼旁觀了。這就是目前台灣最大的困境。如果台灣聞達人士還繼續自甘為假唐山人、假漢人，聽任壓霸侵略者無恥自大地自稱高級人，自己再以次高級人的姿態面對同胞而暗爽，那台灣人要何時才能重建真正的自由樂土呢？

原台灣山地住民被封山令禁錮近三百年，導致文化凋零，族群縮小。而平地住民被強制漢化後，唐山人為使台灣自己的歷史意識更徹底淡化而消失，慈恩清康熙於1687年在台灣開放科舉考試，錄用少數台灣人為官，以富貴機會吸引台灣人專心研讀中國典籍，傳誦中國史蹟。即使未當官，只要徹底漢化，也能得到漢人滿官的青睞，與漢人滿官勾結而擁特權。於是，少數受漢化過程影響而轉性追求名利的台灣人，開始存心趨炎附勢。為了滿足虛榮，甘願賣祖求榮，去當假唐山人、假漢人，更不惜扭曲、偽造台灣歷史，硬要把自己連上中國。

我們絕不是種族主義者，任何已在台灣真心落地生根的人，我們都歡迎來共同追求台灣這塊土地的福

祉。但也絕不能因爲原台灣住民和睦、好客與謙讓的善良天性，就任由陰狠、壓霸的侵略者永遠奴化，不知覺醒。台灣原住民（尤其是平地原住民）近四百年來，先是歷史文明遭摧毀殆盡，再被迫受功利與虛榮的外來文化洗腦，有如被餵食成癮性毒藥一般，精神上中毒成癮。雖偶爾發現一些殘存的良心跡證，是有意戒毒來恢復自己的眞實身份、恢復心靈的自由，可惜不少人由於自幼即浸淫在被施捨的次等功利與虛榮意識中，尤其既得部分名利者，無法割捨自以爲高其他同胞一等的虛榮，以致難以完全戒除精神毒癮。而這些既得部分名利者又都是對大眾有影響力的人士，以致阻礙了台灣人民醒覺之路。

本書除了舉證敘述眞實的台灣歷史和台灣人身份，文中也穿插一些台灣聞達人士（自稱有台灣意識的學者、社會人士和政治人物）對筆者提出之尖銳質問，以及筆者的詳細回答和一再的舉證解說，以方便讀者更容易看清眞相。本書的出版，希望能有助台灣人民的早日清醒。

本書內容均是經一再查證的事實，筆者負全部責任。若有任何人還要質疑，可連絡前衛出版社，只要筆者還健在，隨時可接受有不同認知者的辯駁。當然，不同認知者在辯論自己的認知時，必須也提出可供查核的原始證據，來證明筆者所述有哪一點不正確或是偽造的！不能僅以「我從小中國人是這麼教的」或「大家都已認爲是如此」做爲搪塞。

埔農

第一章

認識台灣的
原本面貌。

Chapter One

# 一、Paccan被遺忘的智慧

　　台灣本名「Paccan」（重音在第一音節），是世上唯一擁有五千年以上進步文明，而且從未出現過任何大小霸權的國家。台灣族人的生活以村落為主體。各社群往來頻繁，互通有無，但都是獨立個體，只有互助，不相隸屬。粗略分，有九個族群以平地為生活圈；有十一個族群以山地為主要生活圈。台灣住民原本沒有所謂山地住民、平地住民的區分。是鄭成功海盜集團入侵台灣後，不願涉險進入深山區域，僅掌控平地和丘陵地，住民被區隔了，才出現所謂山地住民、平地住民的稱呼。清廷侵占台灣後更要狠，下了嚴酷的封山令，將台灣山地各族群孤立在高山各個侷限區內，每一個部族都被隔離在狹小範圍內，令其自生自滅。台灣山地各族就像被困在孤島監獄，無法與其他地方交流維持文明所需的物質和原料，文明遂停滯，更繼而消退。因為生活條件差，族群又無法與外

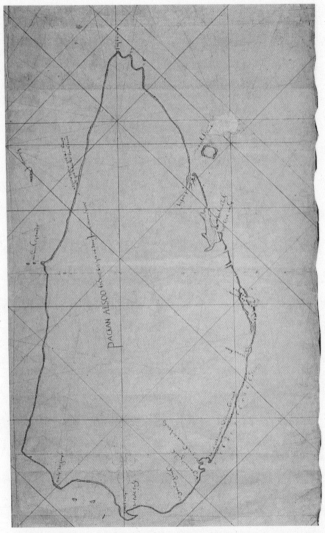

1625年西方人繪製的海圖，稱台灣為「Packan」

界通婚而基因逐漸純化，族群也逐漸縮小。文書教育
傳承失去需要性，就斷層了。連語言也因族群縮小，
加上兩百多年的完全隔離，各部落語音的差異越來越
大。平地台灣族人的生活則受到完全掌控，所有文
明、文化被消滅殆盡，再被迫強制漢化。【*《台灣受
虐症候群》上冊，第一章*】

　　因爲台灣族人崇尚與自然和諧的生活，自由選擇
傳承、分工、分享。生活耗材，全來自大地能循環再
生的資源。雖有高度文明，但摒棄貪婪。台灣族人知
道，科技的開發，不僅會衍生更多物資需求，誘發人
類永無止境的貪婪，進而會帶來難以挽救的環境破壞
和污染；貪婪由虛榮、慾望和相互比較所誘發，是人
類罪惡的根源；環境的破壞和污染則剝奪了後代子孫
的生活條件。在Paccan，人和人之間沒有身份、地位
之分，相互敬重每個人所選擇或所能適應的生活方
式，且早懂得自我控制在地人口的數量。台灣族人深
知，人口的不合理增加，就會對環境和其他生物有不
合理的需求；對環境和其他生物的不合理需求，就會
造成整個自然環境和生態無法挽回的破壞；整個自然

環境和生態無法挽回的毀壞，會帶來整體地球生命的浩劫。【《失落的智慧樂土》】

　　台灣族人是最早有眞正男女平等的社會。家族延續不分男女，結婚後男入女家或女入男家同等並行。

　　有台灣聞達人士來函抗議：「讀過書的人都知道，原台灣住民是母系社會。我在此反對你的平埔族非母系說，除了是我自己的意見，更是認同其他台灣學者的論點。」

　　**筆者解說：**「多數台灣人讀的書，都是中國人爲洗腦、奴化台灣住民所特意杜撰，尤其有關台灣歷史的部分，更全是陰狠地僞造。要追究事實，必須看平心靜氣的第一手文獻資料，因爲後來之敘述，多會因貪、妒及壓霸而扭曲事實。當然，平心靜氣的第一手資料，也不可冒然盡信，因爲仍會由於個人立場的差異而無意地誤解，甚至有意地加以歪曲。所以，看了第一手文獻資料，仍需觀察其記載者的偏執立場，再追查直接證據及各種旁證，做客觀的分析，才能揭露眞正的事實。

　　荷蘭人記載：『台灣族人相互禮貌、敬重，不以性別、身份、地位和財富把人分高低。』當然沒有男尊女卑或女尊男卑的意識。清廷據台初期的《台海使槎錄》記載：『婚姻曰綿堵混，未娶婦曰打貓堵，男

家父母先以犬毛紗頭箍爲定，或送糯飯。長則倩媒。
娶時宰割牛豕，會眾敘飲。男贅女家亦如之。如兩
女，一女招男生子，一女即移出。』

　　台灣族人是純母系社會的說法，是後來的漢人滿
官或台灣假漢人自以爲男尊女卑是『高級文明』，爲
污衊台灣族人不文明以抬高自己，特意製造的謊言。
還故意以有不少台灣族人是由女兒延續家庭的例子當
作是證據。台灣族人既然家族延續不分男女，是眞正
兩性平等的社會，自然有不少家庭是由女兒延續家
族，當然不能以『有不少台灣族人家庭是由女兒延
續』來說台灣原是母系社會。」

　　台灣聞達人士又抗議：「《台海使槎錄》其實是純漢人觀點，中國人向來謊話連篇。你盡信中國人的話語，動不動就引用中國資料，中國教育對我的影響肯定比對你的影響還少，你不要自欺欺人了！你與我筆談動不動就引用中國資料，我卻一個也沒用過，可見你中的中國毒素比我還深！」

　　筆者解說：「弟知道中國人向來謊話連篇，所以絕不盡信中國人的話語。弟所引用的中國資料，都只是借其矛以攻其盾，用在戳破其謊言以打擊中國毒素而已。弟之思考、明辨能力還好，當發現中國人後來之敘述不合於其原先的記載時，那就知道其後來之敘述是別有用心的。

　　《台海使槎錄》是早期首任漢人滿官巡台御史黃叔璥於1722年（清康熙六十一年）旅台期間所寫，以其自大、無恥的心態，當然要醜化台灣住民。不過，他自以為漢人的男尊女卑才是高級文明，記錄下令他們奇怪之台灣族人家族延續不分男女的真正兩性平等社會，認為就已經夠醜化了。他哪知道後來的中國人

會甚至指稱原台灣住民是母系社會，用以更深入分化、醜化、鄙夷不接受中國洗腦的台灣住民。

　　您批評弟引用了部分早期中國資料，但是，您何不仔細想想，您們對台灣的所有認知，不正是全部都來自中國的晚期教化嗎？您說：『中國資料我一個也沒用過』，那請問，除了中國灌輸給您的知識以外，您對台灣的認知有多少？有哪些？您說：『中國教育對我的影響肯定比對你的影響還少』，請問，您說的哪一句話之內容不是中國人灌輸給您的？何為眞？何是僞？要再深思啊！」

台灣聞達人士：「不跟你強辯這個。但你在《失落的智慧樂土》說過，台灣族人至少每天用溫熱水洗一次澡，夏天更要午、晚洗澡兩次。用意好像在說，台灣族人很注重個人和環境衛生，所以很文明。但是，有多少人不是每天洗澡啊？我也偶爾曾有在夏天洗澡兩次的經驗。連這個也要拿來裝飾，可見你自己也有詞窮的時候。」

筆者解說：「四百年前的中國人和西方人平日很少洗澡，平常已習慣身上的酸臭味，所以荷蘭司令官 Cornelis Reyerson 才對台灣族人每天洗澡兩次感到驚奇，也才特別記錄下來。洗澡當然已是現代所謂文明人的日常生活習慣，弟只是在描述台灣族人的住家生活時連帶提出。弟還以為您曉得四百年前的中國人和西方人平日是很少洗澡的呢！」

　　台灣聞達人士：「你胡說，無論中國或西方國家，早在幾百年前甚至千年前，一些區域內就有建設浴池的記載。」

　　**筆者解說**：「唉！其實在兩百年以前，中國人或西方人平日還是很少洗澡，古文書都有記載，電影還演過。

　　再請仔細想想看，若是兩百年以前的中國人或西方人平日每天洗澡，則必定像台灣族人一樣，家家戶戶內自有浴室，哪會在廣大區域內僅建設一浴池？顯然當時中國人和西方人只有節慶、特殊日子或身上的酸臭味難耐時才洗一次澡。不論是古時或現代，獨立建設的浴池，都是人們久久才偶爾光顧一次的地方！」

# 二、Paccan曾長期對外傳播文明

Paccan在至少五千年內，未見征戰或併吞的霸權。各族群往來頻繁，語言、文字也可溝通（雖然口音上各族群略有些差異），各族群文化雷同又各自帶有一些獨特色彩。這正與佛祖釋迦牟尼悟道後，心中所理想的極樂世界諸多相近！

在五千多年以前，台灣族人即心胸開闊，不吝向海外傳授自己的智慧文明和文化，對外教授天文、數學、地理、航海、水利建設、捕魚、造紙、引火柴、燒陶等知識；傳授各地民族種植稻米（也有甘藷和芋頭）為主食，解決糧食問題，不必大量依賴打獵來獲取食物；贈送引火藥材、曆書、羅盤、珍貝、琉璃飾品、皮革、樟腦、農耕器具、金銀銅鐵製品、加工玉器與服飾。範圍廣及當時的中國、日本、菲律賓、越南、泰國，再逐漸遠及印度洋、婆羅洲和南洋及太平

洋島群。並試圖開導中國、日本、越南、泰國人民，遵循「自然、和諧、謙虛」才是眞實、快樂的人性生活。後來發覺，這些地方的民族，長期以來已有霸權肆虐，霸權散發身份、地位的慾望與較勁，於是貪婪的野心難以抑止。台灣族人的用心，近乎徒勞無功。

公元五百年前後，由於對中國、日本、越南、泰國、甚至印度的傳播智慧，出現無力感。基於繼續向外傳播智慧的傳統，台灣族人繼續向外傳播的方向，就僅剩往南洋及太平洋島群。因爲這些南洋及太平洋島群的住民，當時尚未有霸權統治，較易接受眞理智慧的傳播。菲律賓遂成了台灣族人往南洋及太平洋島群航行的中繼站。菲律賓既成爲遠航中繼站，自然會有台灣族人固定聚落的形成，以利休息、補給和支援。所以，在菲律賓群島，就可看到較其他南洋及太平洋島群多且完整之傳播自台灣的語言和文物證據。

台灣族人早在五千年前，就曾於往南洋及太平洋島群航行途中，有因海上船隻受損，不得已在無人島滯留；或是中意新天地而自願移居。這些人隨身攜帶

資源不足，無法在他鄉延續全部台灣文明。只能就地取材，製作平日就會的用具。又僅以簡單符號記載日常生活所需的事物。所以，南洋及太平洋島群就存在著各式各樣源自台灣的古文物遺跡。【《台灣受虐症候群》上冊，頁29-39、61-62，《失落的智慧樂土》，頁23】

　　台灣聞達人士來函抗議：「台灣是小國寡民，會產出文字嗎？不應以有音無字為恥！台灣原自有台灣話，不等於有文字！」

　　**筆者解說**：「小國寡民，就不會有文字？世界令人驚嘆的遠古文明發生地，其人口與土地有很多並不比當時的台灣大，況且，近代的所謂大國，都是由貪婪的野心產生霸權，霸權再不斷併吞他國才形成的，遠古時代哪有所謂的大國？五千年前，台灣可能是地球上最大的國家了！

　　世界各國知名的考古學者都已證實，五千年前台灣已有世界上最早的遠洋航海船隻和技術，並無私地輸出智慧文明（不過，他們誤以為是貿易行為帶過去的）。西元2000年，Jared Mason Diamond（美國演化生物學、人類學、語言學及遺傳學家）更在*Nature*雜誌上，以〈台灣獻給世界的禮物〉（"Taiwan's Gift to the World"）為題，介紹令人驚訝的台灣原古智慧文明。以這樣的文明，有文字是不應懷疑的。

　　弟是農家子弟，從不知父母的簡單、憨厚、樸素

是可稱爲恥，還引以爲榮呢！而因明瞭人之所以爲人的眞義，若有虛榮之人看不起簡單、憨厚、樸素，弟才覺得可笑哩！

中國《書經》（又稱《尚書》、《上書》），原是用他們謔稱『蝌蚪文』、『岣嶁文』的文字所寫成。中國文字是由象形文字演進而來，最原始的是商朝甲骨文。自從中國自己發展象形文字後，蝌蚪文（岣嶁文）便完全消失，可見懂得繼續使用的人，在中國不是一個都沒有，就是極少。何況就人類各種語文演化事實來看，只能循序漸進，完全的逆轉是不可能的。除非如台灣一樣，文明被壓霸外族入侵者所全面摧毀，再被強制洗腦。但是，若是如台灣一樣是被全面摧毀再強制洗腦，則是被取代，而非由原始的甲骨文重新開始。所以，中國夏禹時期的『非原始象形文字』絕對是外來文，此外來文又已很進步。何況日本京都帝室博物館（京都國立博物館）還珍藏有『台灣古文的石碑』。當然，蔣毓英的記述、中國《上書》所用文字及其記載內容、連橫在〈台灣遊記書後〉的記載、日月潭台灣古文石版拓文、台灣數字和

台灣算盤、荷蘭文獻的記錄『台灣各村鎮原本都設有教師』、各國考古學者對台灣向外傳播智慧文明路徑的發現等等，都只能算是旁證【《台灣受虐症候群》上冊，第一章註證，頁34-39】。然而，當有這麼多旁證，再加上收藏於日本京都國立博物館的社寮台灣古文石碑之直接證據，若有人還堅持台灣本土住民原就應是原始、野蠻、絕不可能有文字歷史，那弟對其擇故知而固執的決心，也只有嘆息的份了。」

台灣聞達人士：「台灣數字？台灣算盤？你必須交代清楚，不要胡言亂語。」

筆者解說：「台灣數字是五、六千年前配合台灣算籌（算盤）所發明的，七十歲以上的鄉里老人都還知道，不少人也都還會用。近四百年前中國的廣東福建沿海商人學去後（經由來台的唐山睽商），稱之為『番仔碼』。蘇州是中國商人的大本營，最先全面使用台灣數字，以其慣於無恥、自大的心態，先是改稱花碼，後更不要臉地改名為蘇州碼子，這些事實現在都還查得到，番仔碼、花碼、蘇州碼子三種名稱，在當地也都還有老人在用。

看中國算盤，它是上兩珠下五珠，單做加減乘除就已礙手。顯然也是學自台灣算盤。中國傳統習慣由右向左，所以學不來由左向右的台灣算盤，為了留用這新奇的運算工具，不知怎麼的在上下各加了一珠（也許由右向左看時，有其特殊功用，不得而知）。再看日本算盤，它學自中國，日本人覺得上兩珠會混淆，拿掉了一珠，成為上一珠下五珠。一百餘年前日

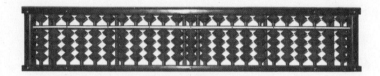

▲ 台灣算盤

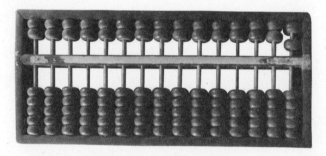

▲ 學去後改成的中國算盤

▲ 學自中國後改成的日本算盤

## 台灣數字（或稱台灣碼）

| 數值 | 0 | 1 | 2 | 3 | 4 | 5 | 6 | 7 | 8 | 9 |
|---|---|---|---|---|---|---|---|---|---|---|
| 台灣碼 | ○ | 一或丨 | 二或刂 | 三或川 | Ｘ | 8 | 亠 | 亠 | 亖 | 文 |

本侵台後，發現台灣算盤的上一珠下四珠才真的合乎邏輯而好用，也才全面改用台灣算盤。只要懂台灣數字的人就看得出，台灣數字是配合台灣算盤所發明的。

　　台灣數字是一種可以神速心算的高邏輯數字，簡稱『台灣碼』。原數值1、2、3僅使用一、二、三，是短橫，每橫等寬；可寫爲／、z、3。被迫使用直式書寫的漢文後，爲免上下混淆，才加入丨、刂、川並用。台灣人比中國人細心、懂變通多了吧！」

　　台灣聞達人士：「這只是你說的，我沒一定要相信！我連台灣鹽寮公元前2440年前的古物遺址都不盡信，尤其二次冶煉的高級煉鐵技術。世界上其他所知的最早煉鐵技術也不過出現在公元前800年，台灣公元前2440年（即4454年前）即有先進的煉鐵技術？騙誰啊！」

　　**筆者解說**：「台灣數字和台灣算盤不是弟自己說的，台灣現在還有很多七十歲以上的老人會用台灣數字和台灣算盤，也知道是自古（被迫漢化後）台灣數字即稱台灣碼。唐山人先稱台灣數字為番仔碼（中國人習慣稱外人為番），後改稱花碼，蘇州人厚顏再自己改稱為蘇州碼子，這些事實弟早在1989年親身到中國福建、廣東沿海查證過。您再不信，現在自己去中國福建、廣東沿海查問當地的老商人，就可知道真相。偷懶一點，現在上中國網站也看得到！

　　去年（2013年）弟看英國電視台影集新福爾摩斯（Sherlock series）的系列一第二集（the second episode of series one）『眼盲銀行家』（The Blind Banker），

裡面劇情就是描述中國來的歹徒用中國福建、廣東沿海的方言數字當密碼，由新福爾摩斯加以破解。由於作者Mr. Stephen Thompson是從中國福建、廣東沿海移民得知此種數字，就稱爲是中國福建、廣東沿海一種方言的數字，也偶而稱做蘇州碼子。事實上，中國人使用這種數字僅限於福建、廣東狹長的沿海商家，而這些商家是說著至少五種不同的方言，怎麼會是某一種方言的數字？中國漢人的各種不同方言，自秦朝以後就一直使用同一種文字（包括數字），何況這種數字是三百多年前，才在中國福建、廣東沿海突然有商人在使用，而且只有港口市鎮的商家才會使用，離開這些港口市鎮就沒有中國人會使用了。反觀台灣，1960年以前，全體台灣族人都在使用台灣數字。況且，這種數字若非台灣本土數字，怎麼會台灣人被迫漢化後還自稱『台灣數字碼』，而唐山人反而稱『番仔碼』呢？何況這種數字又是對照台灣算盤設定的。堅持拒絕相信這種數字是源自台灣的人，不是心靈扭曲了，就是理解能力出現了問題！想想看，不是嗎？

　　台灣數字這般被剽竊，又這樣被中國人拿去國際

宣示、欺騙，台灣人還不自知，實在令人心酸。弟是有去函Mr. Stephen Thompson糾正，可惜因只有弟一個人提出，Mr. Stephen Thompson並未特別重視。更可悲的是，再過十年或二十年，這一輩老人不在，那就更死無對證了，也更可能真沒人要相信了！

而與台灣數字同時發明並配合使用的台灣算盤，以及因不懂而亂改的中國算盤和日本算盤，弟都有保存著，是無可懷疑的！

至於鹽寮的台灣古遺址，是林勝義、何顯榮兩位先生送到台大貴儀中心及美國國家級邁阿密放射性碳14定年實驗室檢測，結果證實的。弟不知為何您還不盡信！鹽寮遺址雖然被在台蔣幫中國壓霸集團及呆奴化的台灣假中國人，以新劃定的核四周邊設施和聯外道路為藉口（並不是非經此地不可），故意加以大肆破壞，但其部分遺址還在，這是沒法否認的。若是未被破壞，則必有更重大的發現，並將這台灣重要遺產保存。又是一樁台灣人的悲哀。世上有哪個正常的國家和民族，會放棄、毀壞自己珍貴的歷史呢？只有被徹底呆奴化而無法自覺的台灣了！

筆者小時在海邊撿到台灣龜甲螺貝殼（正反面）

　　另外，弟還留有小時在海邊撿回來的台灣龜甲螺貝殼，就是和中國四川三星堆出土的所謂『寶貝』一模一樣。不信？弟可專程拿給您看！」

台灣聞達人士：「你好像在說『中國文化是都學自台灣』，真是為了充胖子在打腫臉！」

筆者解說：「中國文化當然不是都學自台灣，台灣族人不再探訪中國後，中國就開始發展自己的文化。但其原始的曆法和地理、風水觀念，是可證明為來自台灣，只是中國人又扭曲地加入怪力亂神之說。而且，後來中國人又把地理、風水觀念的意義和對象給搞混了。中國人現今連在選住宅都說要看風水，隨便去問個道地的原台灣住民，雖然已久經漢化，他都還能明白告訴您，住宅是要看地理，墳墓才是要看風水【《失落的智慧樂土》，頁113-114、141】。原台灣住民每年大寒時節，現在都還會按時去『坌風水』，坌風水就是在整修受風雨侵蝕的祖墳。弟說到這裡，您可能還是一時難以清楚盡信，沒關係的，因為這實在顛覆了一般台灣人的現有認知。只要您能平心靜氣下來，再細心想想，相信可以逐漸理解的。」

　　台灣聞達人士：「就算是好了，那你所謂『傳授各地民族種植稻米為主食』呢？難道台灣是世界稻米的原產地？」

　　**筆者解說**：「當您說連台灣鹽寮古物遺址都不盡信，弟就知道您必然也不曉得台灣是世界稻米的原產地。各國考古學者、語言學者、體質人類學者，由於證實了東亞與太平洋島群文明是由台灣向外傳播出去，早有了稻米可能也是由台灣傳播出去的猜測。自從台灣自己的考古團隊在墾丁發現放在陶瓷罐內的四千年前稻穀，他們就更加確定了。但有菲律賓大學的Solheim教授獨持反對意見。以稻米為例，Solheim認為，雖然墾丁發現的稻穀比其他已知的遠古稻穀早了六百年，但只有一種（是Javanica品種），所以Solheim否定台灣是世界稻米的原生地之說法，因為稻米的原生地應會有不同的品種存在。然而後來台灣自己的考古團隊又在台南科學園區開發時，挖掘出兩種不同品種的稻穀，且證實是更早的五千年前留下來的，Solheim才無話可說。

其實，Solheim自己指出，工具的製造、使用以及米食，在遠東是同時往南和往北兩個方向傳播的，且是一點一點傳播過去，並不是由移民遷移時帶過去的模式。更提到南島人在當時是由揚子江（長江）逆流而上做探訪，非群聚性遷移。此一論述和中國《尚書・禹貢篇》（四千兩百年前）的記述：『厥貢島夷卉服，厥篚織貝，厥包橘柚，錫貢沿於江海，達於淮泗』，以及當時他們所謂的蝌蚪文和寶貝（台灣龜甲螺，或稱子安貝）都不謀而合，也都可證明是來自Paccan（台灣）【《台灣受虐症候群》上冊，頁31】。

況且Solheim稱這段時期為航海時代（Maritime），那時期除了台灣【《失落的智慧樂土》，頁118-124】，並沒其他任何地方有證據顯示有能力建造大型遠洋船艦和有遠洋航行的知識和技術。另外，Paccan（台灣）一直做的是無私地向外傳播文明智慧，四百年以前的數千年，Paccan（台灣）對內對外都只有幫助，沒有商業行為。

還有，三百三十年前，清廷據台的第一任知府蔣毓英在《台灣府志》記述，他們剛到台灣就已統計出

十五種大小、形狀、顏色和性質都不同的各種水、旱稻米，這還沒包括山地住民所種植的各種小米。不論現今或古代，世界上並無其他任何地方有如此繁多的不同品種稻米。再印證台灣五千年以上的造船和航海技術，以及定期對外傳播智慧文明之歷史，可見稻米的傳播是當時隨著Paccan（台灣）向外傳授智慧時攜帶出去（台灣族人庫存的都是曬乾稻穀而非去殼稻米，曬乾稻穀都是可用來播種的）。留在各地的不同品種，也許是刻意分配，也許是依當地喜好而選種留下。

另外，台灣也有數種不同品種的芋和甘藷（唐山人稱為番薯），東亞與太平洋島群的芋和甘藷就多是單一品種。請問，還有疑問嗎？」

台灣聞達人士：「……」

　　**筆者附帶說**：「在台灣發現的四千年前和五千年前等三種不同品種的稻穀，都是迄今世界上所知的最古老稻穀，且足證台灣是世界稻米的原鄉。這種台灣自己的重要考古發現，曾在世界考古學會發表，並受承認與重視，後來卻被中國國民黨黨養學者所掩蓋，在台灣竟幾乎沒人知道。弟一向勤於查閱有關台灣的資料和訊息，竟然在台灣查不到這些資料，還是得等澳洲國立大學的考古學者Peter Bellwood教授來信告知，夠悲慘了吧！」

　　台灣聞達人士：「就算台灣是世界稻米的原產地，但你也不必誇大那些台灣古文明。」

　　**筆者解說**：「弟並未誇大台灣古文明，這些都是台灣以及世界其他各國考古學者發掘出來的，弟再對照中國的最初古文獻記載，以及今日尚存的文物，都證實不差才寫出的。請您細看《失落的智慧樂土》這本書，都有舉證。」

台灣聞達人士：「《失落的智慧樂土》裡寫『電土燈』出自古代台灣原創，我就不相信！除非有考證五千年以上的電土燈出土。」

**筆者解說：**「弟並非姜林獅先生講什麼就寫什麼。若沒有找到明確證據或合理的旁證推論，弟仍是不會收錄書中的。弟對照台灣的煉鐵考古證據、曾遠洋航行的時間以及台灣多泥火山，再拜訪曾被封山令隔離兩百年的山地族群，得知他們遠古就有用電土燈在夜間照亮動物眼睛以利打獵（平地住民並未用此方法打獵），這些都吻合，弟才寫進去的。

台灣地質偏向酸性，又氣候潮濕，電土燈不要說千年，只要經百年必已腐蝕殆盡，無法寄望有此古文物出土的可能。而電土燈的製作靈感來自泥火山，手提電土燈所需的純碳化鈣則是得自煉鐵的副產品，再對照台灣的煉鐵考古證據有四千五百年以上，都是相吻合的。而且，姜林獅先生只是一個台灣傳統農夫，未受過現代學校教育，這些化學知識他是無法自編自導的。

　　重要的是，唐山人原本未見過電土燈，強迫台灣平地族人漢化後，就需要創造一新名詞。由於派到台灣各地的唐山教師平時並未相互連絡，南部唐山教師就給電土燈創造了『電土火』一詞，北部唐山教師卻另創造了『磺火』一詞。電土火、磺火都是指電土燈。先生再不信，現在就可以去問北部和南部的老農夫，他們都會證實給您聽。不過，要是再晚個十年，就如其他台灣史實一般，可能再找無活對證了。」

# 三、Paccan不是北港，亦非雞籠

　　台灣自古即名爲Paccan，從未改過，是唐山人四百年前誤會台灣語，才稱爲台灣【《失落的智慧樂土》，頁26、30-32】。所謂的中國人，從來就不知Paccan這地方，是直到明末的1610年以後，才有中國福建龍溪的張燮，從西班牙人、葡萄牙人、荷蘭人口中得知東方海上有Paccan一地，就在他於1617年所寫《東西洋考》一書的附錄中順便提到Paccan（《東西洋考》本文並未提到台灣，卻對西南洋敘述甚詳），張燮寫爲北港。可笑的是，張燮竟解釋Paccan應是指雞籠（基隆），指的是北方港口（雖然有點偏北，但仍在福建東方），可延伸爲指台灣，卻又說是東寧。現在的所謂的中國人，更大膽胡說八道，硬把Paccan說是古琉球，說什麼中國人早到過台灣，他們連台灣當時本名Paccan都不知道，竟然有臉這樣說出口！

　　台灣位於東亞大陸棚架緣上，有強勁、溫暖的黑
潮洋流由南往北兩邊通過，流量是亞馬遜河的一百
倍，中國長江的一千倍，流速可達每秒兩公尺。東邊
是黑潮主流，西側與澎湖群島之間的狹長外海則是黑
潮支流通過。中國東邊沿海是完全不同的海流。每年
10月至隔年5月，中國沿海是由北往南的中國沿岸寒
冷海流（親潮），與台灣西側往北的溫暖黑潮強勁支
流，在沿著澎湖群島之縱線，冷、暖洋流反向磨擦，
處處有強勁的漩渦、暗流，又隨時有突來的巨浪。

　　每年6至9月，中國沿海是由南往北的南海海流，
與台灣西側的黑潮支流雖是流向接近，因流速差異及
海峽深度變化所形成的渦流會較小，但由於海浪共振
效應，則常有突發巨浪。加上變化莫測的強烈夏季氣
旋與常遇颱風，海象同樣惡劣難行。

　　春末與初秋，則因是季風交替時期，風行方向與
海浪大小更是變幻莫測。若無堅固大船與高超的航海
知識，沒自有動力的帆船根本整年無法航行於台灣海
峽中線以東的延伸海域。中國明朝鄭和七次銜命下西
南洋，帶動了唐山人往西南洋的移民潮，雖自稱船大

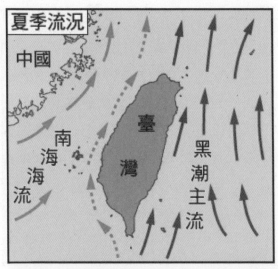

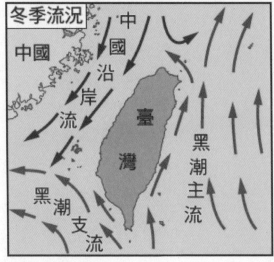

台灣沿岸的潮流

堅固，航海技術進步，還是不敢往東航行（中國蔣幫壓霸集團入侵台灣後，竟然有臉偽造鄭和曾因躲避颱風而在台灣靠過岸的幼稚謊言）。即使到了中國明朝晚期，其船隻最東也僅到得了澎湖群島。西班牙人、葡萄牙人、荷蘭人以大型帆船建立海上霸業，來往於菲律賓與日本之間，爲了安全，還是都繞行中國沿海。所以直到1600年前後，才有極少數冒死逃亡的唐山人，九死一生闖入台灣。

第二章

# 台灣災難的
# 開始。

Chapter Two

# 一、鄭成功海盜集團入侵

　　1600年後，開始有逃亡的唐山人僥倖活著闖入台灣，是台灣這智慧樂土遭受災難的開始。1623年，唐山人Hung Yu-yu以台灣住民和善可欺又資源豐富，誘使荷蘭人入侵台灣。

　　1659年，荷蘭通譯兼走狗何斌，私通中國海盜、暗中收取保護費，還詐騙了巨款，因罪行曝光，逃回唐山去投靠以海盜坐大的鄭成功。1661年初，鄭成功被清廷追逼，難以招架，何斌適時以「台灣田園萬頃，沃野千里，餉稅數十萬，造船制器」【楊英，《從征實錄》】，且荷蘭人並無強大駐軍（包括文職人員，最多時也僅二千八百人），勸誘鄭成功攻取台灣。荷蘭人為增加生產和搜括資源所引進台灣的唐山工人和贌商，雖然多數一直有私通海盜集團，但當在台唐山人一聽到鄭成功海盜集團有可能來統治他們，

仍深感害怕。所以鄭成功海盜集團入侵台灣之時，多
數唐山人早已逃走或遠避。

　　鄭成功遂於1661年4月借道澎湖，帶著四百艘
船艦及二萬多名官兵，在何斌帶領下，循著1623
年初Hung Yu-yu帶領荷蘭人入侵的相同路徑，由
鹿耳門進入鹿耳海（後稱倒風內海，荷蘭人稱Bay of
Tayouan），從哆廓（Dorcko，Smeerdorp，今下營）登
陸【《台灣受虐症候群》上冊，第一章註證11，頁41-
53】，誘使台灣族人助其運輸和補給，由陸路直逼普
羅民遮城和熱蘭遮城，全無遭遇阻力。荷蘭軍力薄
弱，但熱蘭遮城堅固且火砲強大，鄭成功無意硬攻。
經為期九個月的圍城，等城內糧食用盡，荷蘭守軍只
好投降。荷蘭人遂撤離台灣。

　　鄭成功集團原本就是海盜，在兵馬安置妥當後，
立即露出猙獰面目，到處燒殺擄掠，有些台灣平地族
人被逼得趁隙出逃。很多台灣平地族人不是被逼為農
奴、家丁，就是被趕盡或殺絕。各鄭成功集團將官，

自稱王爺，有時又自稱元帥、千歲。各「元帥、千歲、王爺」所擄的農奴、家丁，稱爲其「鑼下」（當時以打鑼聲做爲人員召集令），爲他們種田、勞役；各「元帥、千歲、王爺」生日時，得前去拜壽，並供應他們大肆慶祝、吃喝玩樂所需，還須提供其所屬兵士山珍海味的宴席，稱爲「賞兵」。而鄭成功集團將官供奉武運大神「玄天上帝」的上帝廟，是這些強盜將官的信仰中心。陰曆3月3日「上帝公生」，須爲其連續三天的慶典付出，除了奉獻大量供品；更要排出轎班，輪流用八人抬的大轎，抬著各「元帥、千歲、王爺」，隨上帝公神像乘轎出巡、出遊；並沿途供應其人馬飲水、糧食、草料（驕奢必敗，所以二十二年後，無力抵抗清軍來犯而投降）。

　　鄭成功集團的兵士多數是福建沿海的討海人或原是海盜，他們大都敬拜媽祖，習慣在船上安置媽祖神像，祈求海上平安。所以到處另建有媽祖廟，安奉先前設置船上的媽祖神像，供士兵膜拜，尋求精神上的慰藉。

　　由於中國清廷入侵台灣後，不但承襲了鄭成功集團的管訓台灣族人之高壓奴化政策，更嚴厲執行，以致上述惡行日後竟延續成台灣人的民間宗教習俗。

【《台灣受虐症候群》上冊，頁9-12】

台灣聞達人士：「你提到鄭成功一登陸哆廓，就露出猙獰的面孔，造成族人輾轉出逃，可否描述一下當時到底發生了什麼事？」

筆者解說：「鄭成功一登陸哆廓，先誘使善良又好客的台灣族人助其運輸和補給。在兵馬安置妥當後，立即露出猙獰面目，到處燒殺擄掠，摧毀所有文化設施。台灣平地族人不是被逼為農奴，就是被趕盡殺絕。荷蘭人在台灣生產的稻米都拿來外銷營利，鄭成功集團根本沒搜到大量存糧，就搶奪台灣族人的存糧、農具和牛隻。後又因官兵橫行，台灣族人的農田在大雨時無法照顧而被雨水沖毀，於是發生饑荒。這些都是族人輾轉出逃的原因。【《梅氏日記》】

姜林獅先生說：『1623年荷蘭人來到台南鹿耳海，在哆廓（Dorcko，荷蘭人後稱Smeerdorp，今之下營）登陸，哆廓人視為客而招待之。荷蘭人的貪婪後來成為惡客，但台灣族人還可以忍受，因為荷蘭人雖是壓霸，還沒有奴役台灣族人的行為，所以哆廓族人並未逃亡。鄭成功海盜集團在兵馬安置妥當後，立即

露出猙獰面目，到處燒殺擄掠，有不少哆廓族人遂乘
船出逃到東部海岸（鄭成功集團勢力並未伸入東部海
岸）。』弟本來認為是所謂的大魯閣（太魯閣）族，
因為這是音譯，而哆廓（Dorcko）中間有一個捲舌的
子音，被譯為大魯閣（太魯閣）是有可能的（漢人滿
官就有把Dorcko譯為倒咯咽及哆囉咽兩種講法），而且
太魯閣族語言語音和西拉雅語言很接近。後來讀了林
媽利醫師的台灣人DNA研究，才得知花蓮富里鄉是
個特殊的單獨西拉雅小部落，又證實了姜林獅先生所
言。既然花蓮富里鄉是個單獨的東部西拉雅部落（弟
以前不知），應是當時出逃過去的，只是不知哆廓族
人是出逃到花蓮富里鄉，還是哆廓族人出逃到現在太
魯閣族居住處，隨行的鄰近族人則落腳富里鄉。這有
待進一步追究。不過，富里鄉族人聽先祖說是三百多
年前來自縱貫山脈的西邊平原，他們誤以為是翻山過
來的。這些西拉雅族人當時經由海路出逃是可以確定
的，並非翻山過去。

　　清廷入侵時，對待台灣族人更為霸道，於是又有
一群哆廓族人出逃到今東山、關仔嶺一帶（因為當時

西拉雅地區的船隻已被鄭成功海盜集團沒收、破壞二十多年，海岸線也有清軍封鎖，才逃往較近山區）。而哆廓族人於清廷入侵時出逃到今東山、關仔嶺一帶也是事實，因為原本的哆廓一地當時雖已被鄭成功集團改名為海墘營，但清廷侵台後仍稱哆廓（Dorcko）為『倒咯嘓』。後來清廷勢力再伸入東山、關仔嶺，則稱逃亡到該地的哆廓（Dorcko）族人為『哆囉嘓』，『倒咯嘓』、『哆囉嘓』都是不同音譯而已。不過，多數哆廓或哆囉嘓族人已無此記憶。」

台灣聞達人士：「我反對你崇荷貶鄭！」

　　**筆者解說：**「弟從來沒有崇荷，您從哪裡看過弟
講類似崇荷的話了？荷蘭人亦是侵略者，爲了加強掠
奪台灣資源，其殘忍的手段對當時台灣族人的傷害不
小。台灣族人之世界最早、最成功的民主議會形態以
及和樂生活，就是被荷蘭人首先破壞的。只是荷蘭人
並不如唐山人般惡劣，台灣族人的文明、文化全摧毀
在唐山人手裡，台灣族人還被唐山人、中國人洗腦、
奴化。直到今日，很多台灣族人甚至忘了自己是誰！
而鄭成功海盜集團在台灣殘暴肆虐的事實，他們自己
都有記述，怎麼會是弟『貶鄭』呢？」

　　台灣聞達人士：「但任何史學家都知道，是唐山人幫鄭登陸、運輸和補給，你堅持是西拉雅人協助鄭，因唐山人怕死全都逃回唐山了，你給我拿出證據來！」

　　**筆者解說**：「史學家都知道是漢人幫鄭登陸、運輸和補給？史學家對台灣的認知不是都全部來自中國蔣幫壓霸集團杜撰的文書嗎？您不是說過『中國人向來謊話連篇，所以絕不盡信中國人的話語』嗎？

　　其實這很容易釐清真相。當時的在台唐山人是怕鄭成功海盜集團（可能比死還可怕），有的逃回唐山，有的逃離其入侵路線。因為在台唐山人早先已得知鄭成功海盜集團即將入侵和即將入侵的路線，並向荷蘭人報告。證據如下：

　　早在鄭成功海盜集團正式進攻的一年多前，1660年2月14日《熱蘭遮城日誌》就記載：『在台的唐山人，因為聽說叛逃的何斌可能會唆使鄭成功進攻台灣，開始假借各種理由脫售他們的財產和物品，將換得的現金先寄送回唐山。』

　　1661年4月15日《熱蘭遮城日誌》又記載：『住在大員的唐山人，原先以爲鄭成功會直接從大員包圍熱蘭遮城，因而大舉逃往Smeerdorp（今下營，即Dorcko）的Oijlaukan（禾寮港）。現在已確定鄭成功將由Smeerdorp入侵，一些尚未能及時逃回中國的唐山人，先前因要避難而逃來此地（很多是婦女、小孩），此時每一個人都已經把事先約定好的價錢交到所有可用船隻之船東手上，並要求那些船東要準備好隨時可以出航，一有風聲，可即時把他們送到小琉球、澎湖或唐山。還協調好，即使沒有用到船，船工們也可將多數的錢留爲己有，以確保船工留守的意願。』

　　1661年4月30日《熱蘭遮城日誌》再記載：『聽說眾多鄭成功軍隊的船隻航向鹿耳門，很多住在大員（今安平）附近的唐山人經過醫院，沿林投園那條路，要逃往南方去，被我們的哨兵攔下，他們才停下來，遵照命令回家，並留在家裡。有私通海盜疑慮的唐山人（原受雇於荷蘭人）早已被關在監牢並上手銬和腳鐐，現在更嚴加監視。』

　　另外，鄭成功海盜集團登陸後，荷蘭官兵及談判使者，除了從荷蘭人處叛逃的何斌等人，並未看到有任何原在台唐山人站在鄭成功軍隊那邊。

　　《梅氏日記》（作者Philippus Daniel Meij van Meijensteen，十七世紀荷蘭聯合東印度公司派來台灣工作的土地測量師，原爲荷蘭方面派任的談判使者，後被鄭成功扣押，爲其測量台灣族人的農田，統計、預估收成，因鄭成功擔心台灣族人將來收成時會暗藏存糧，可能令他們難以完全搜括）記載，1661年5月5日，梅氏在鄭成功營帳外見有十六位台灣族人，是新港（新市）、蕭壠（佳里）、麻豆、哆廓（Dorcko，下營）、目加溜灣（善化）等各社的長老。他們是被脅迫或被騙來幫助鄭軍的。1661年6月中記載，梅氏看見鄭成功早先從荷蘭人及自由人（指台灣族人及非受荷蘭人雇用的在台唐山人）搶奪來的上千隻牛以及很多的其他農具，現在都由鄭成功的士兵用來耕種（鄭成功錯估荷蘭存糧，又因其肆虐，使台灣族人的農田欠收，造成饑荒）。可見鄭成功眞的連在台唐山人也搶，且當時並無在台唐山人爲鄭成功的軍隊工作。

　　怎麼會有人捏造出『是唐山人幫鄭登陸、運輸和補給』？也許有聞達的台灣史學者會說，荷蘭最後一任駐台總督Frederic Coyett寫的《被遺誤的台灣》內，似乎有提到『有唐山人幫鄭登陸』。大家別忘了，Frederic Coyett寫《被遺誤的台灣》是在向荷蘭政府尋求脫罪、卸責，而幫鄭成功進攻台灣的何斌也確實是唐山人，Frederic Coyett寫有唐山人幫鄭成功登陸，指的應該是何斌這些唐山人荷蘭逃犯。何況Frederic Coyett於1675年寫《被遺誤的台灣》時，已過了十四年，記憶模糊。而且他當年一直被荷蘭人雇用之唐山人的私通海盜所困擾，即使故意說是唐山人協助鄭成功集團登陸時的運輸和補給，也不會令人奇怪，因為雇用唐山人並不是Frederic Coyett的責任。何況鄭成功集團的文書記載中，從未提到有任何在台唐山人歡迎過鄭成功軍隊。」

# 二、滿清消滅台灣文明實況

1683年，清廷消滅據台的鄭成功東寧王國後，將全部在台唐山人，包括和唐山人有任何親近關係的台灣族人，全數趕出台灣，一個不留。禁止唐山人再移居台灣。派來的治台官吏（多是降清原明朝官員），最長任職三年即遣回中國；不能帶眷上任；亦不准在台灣娶妻；駐台有陸、海軍萬餘人，也是最長每三年調換新部隊來駐守。爲生產特定農產品供應中國而特許入台的農作物契作人員或自行墾地者（暵商），多數僅能停留數月，須押送收成回唐山，再重新申請渡台。

治台官吏接收了鄭成功集團在台灣全部的地籍圖冊、人口登錄、資產記載，以及管訓台灣人的高壓策略。不但承襲鄭成功集團的政策，更嚴厲執行。首先下了嚴酷刑罰的封山令，要狠將台灣山地各族孤立在高山各個侷限區內，每一個部族都被隔離在狹小範圍內，令其自生自滅。

　　清廷施琅侵台後，視台灣爲敵境，見台灣人文明
比中國進步，台灣文明昌盛、豐衣足食，更懷妒恨之
心，下令台灣人僅能從事原有農耕，徹底摧毀工業、
工藝和文化設施；滅絕所有歷史文書，並加速奴化的
漢化改造。在台灣平地則到處建制社學（番社），再
轉爲廟學，派駐教員、訓導、教官，以利管控。在原
鄭成功集團河洛人部將轄區，派駐唐山河洛人官吏、
教員、訓導、教官；原鄭成功集團客家人部將轄區，
則派駐唐山客家人官吏、教員、訓導、教官；分別依
唐山河洛、客家習俗繼續加強漢化。並派遣唐山工
匠，強迫當時台灣人從事各種唐山工藝。除強迫說漢
語、學漢文、取漢名，更依各主導教員、訓導和教官
的意思，改冠漢姓，並遵行其習俗和宗教活動。施加
漢姓者，再依其姓氏，分別立其漢姓祠堂，再依姓氏
掛上其中國唐山家鄉堂號，也留下堂號出自唐山何地
的記錄，還立下一位伯公或公祖，逼行其唐山人祭禮
（由於漢人的沙豬主義，只立唐山公，未立唐山嬤，是
其特點）【《失落的智慧樂土》，頁50-56】。已有鄭

成功集團留下唐山廟的地方，即表示已有一定程度的漢化，就利用舊唐山廟直接設爲廟學。未有鄭成功集團留下唐山廟的地方，是所謂的生番社，須先創立社學，也在強制漢化過程中，依各漢人滿官及所帶來的唐山教員、訓導、教官之原唐山崇拜信仰，逐步將社學過渡爲廟宇，社學就成了廟學。

從此台灣平地族人，竟被硬生生分化成河洛語系和客家語系兩種族群【各版《台灣府志》】，還被依各執行漢化的教員、訓導、教官之原中國居地，再被分稱潮、汕、漳、泉等。久而久之，有極少數台灣平地族人，受漢化過程影響而轉性，存心趨炎附勢；有的是受洗腦影響，不知不覺，就盲目地把自己連上中國漢人族譜。多數台灣人（尤其是被洗腦教化較深的閩達學者），久而久之也就胡裡胡塗了。正如當市面上劣幣超越良幣甚多時，就「劣幣驅逐良幣」了！

在清廷渡台禁令下，是有少數唐山逃犯（都是單身男性）僥倖成功偷渡到台灣。台灣族人被強制漢化後，稱他們爲「羅漢腳仔」（當時全台到處有緝捕羅漢腳碑文）。羅漢腳仔最後都橫死在台灣。

　　台灣聞達人士：「『訓導』、『教官』？這是蔣幫壓霸集團逃亡台灣後，為掌控學校教育設置的，以前哪有『訓導』、『教官』這兩個辭彙？別信口雌黃了！」

　　**筆者解說**：「唉！『訓導』、『教官』的職稱，《台灣府志》就有記載。清廷入侵台灣後，有鄭成功集團留下唐山廟的地方，即表示已有一定程度的漢化，就直接利用唐山廟設廟學；沒鄭成功集團舊廟的地方，就到處設置（番社）社學，再把社學逐漸改為廟學。皆由『訓導』、『教官』嚴加督辦，以期有效從生活、習俗、宗教全面執行漢化、奴化改造。這就是漢人真正的壓霸嘴臉。深懷妒恨之心，執意摧毀台灣文明和文化；滅絕所有台灣歷史，徹底奴化原台灣住民的身、心、靈，再自己偽裝高級。其實，蔣幫壓霸集團進一步洗腦台灣住民的手段是學自鄭、清的官員，只是更陰狠、更壓霸，還青出於藍而勝於藍！您再不信，弟可影印一兩段《台灣府志》的記載給您看。」

台灣聞達人士：「好吧！但是，即使『在台唐山人全數被清廷趕出台灣，一個不留』，也許曾有唐山人和台灣族人婦女結婚，生了子女留在台灣呢！」

筆者解說：「依鄭克塽降清降表記載，其戶籍登記爲民者六萬，其餘六十五萬仍註明爲番。鄭成功集團侵台時，帶來唐山人三萬七千，病死及遭台灣人抵抗而被殺的有六千。降清時加上在台所生子孫，計四萬二千人。多出的一萬八千人，是原居台的三千兩百名唐山人與鄭成功集團據台期間接引入台的唐山民以及二十二年來其擁有的子女。然而根據清廷記載，總共將十多萬人驅逐出台灣。多了數萬人被驅離台灣，應該是清廷怕有漏網者，在『寧可錯殺一百，不能放過一個』的心態下，包括了一些和唐山人有來往的台灣族人，只要聽懂一點唐山人語言，就全被趕走了。」

台灣聞達人士：「你說有嚴懲的渡台禁令，並無
唐山人能留在台灣。那清朝文書記載的『赴台墾作』
呢？」

　**筆者解說**：「清廷據台時期文件是有幾處提到
『赴台墾作者』，但那是特別核准的『墣商』。清廷
據台時期文書從未提到有唐山民移居台灣不回的，也
從未見有唐山民的說法。墣商若不是綁約收集農、漁
產品，就是向官方租地，雇工墾作或獵取毛皮、挖採
資源運回唐山。所謂『唐山過台灣』，除了派台官
兵、執行洗腦教化的教員、訓導、教官和工匠，就是
這些人了。而工匠和墣商赴台，一次僅批准數月。工
匠等工期一結束即被遣返。墣商在收成後即需押運墾
殖的收成和所搜括的物資回唐山【藍鼎元，《經理台
灣疏》】。這兩百餘年內怎麼可能有什麼唐山人血源
留在台灣？」

　　台灣聞達人士：「那你又如何解釋『過黑水溝，十去六死三留一回頭』、『唐山過台灣，心肝結歸丸』、『漳、泉、閩、客鬥』的說辭呢？」

　　**筆者解說**：「『過黑水溝，十去六死三留一回頭』說的是偷渡逃犯，就是羅漢腳仔。逃犯自無堅固大船，『十去六死一回頭』是必然的。

　　『唐山過台灣，心肝結歸丸』是派台官兵以及執行洗腦教化的教員、訓導和教官說的。他們遠離家鄉，在台灣又要受各種繁苛法律和嚴罰禁令所束縛，心裡難過，當然『心肝結歸丸』，也就常把氣出在和善的台灣族人身上。就算是真有存心赴台尋求幸福生活新天地的唐山人受到批准（這不可能，請看大清會典事例七七五：『令逃民限期回國……潛匿不回，船戶、舵水照窩藏盜賊治罪；出結之族鄰、行保，杖一百、徒三年』；藍鼎元《經理台灣疏》：『凡台灣革逐過水之犯，務令原籍地方官收管安插，左右鄰具結看守。如有仍舊潛蹤渡台，將原籍地方官參處，本犯正法，左右鄰嚴行連坐。庶奸民有所畏懼，而台地可以漸清』），必定快樂得不得了，何來

『心肝結歸丸』？何況萬一真的『心肝結歸丸』，隨時可回唐山啊！何須自困台灣來『心肝結歸丸』？

　　至於『漳、泉、閩、客鬥』的說法，是當初台灣族人被迫受到分別從唐山來之漳、泉、閩、客不同地方的教員、訓導和教官洗腦、教化，硬生生被以潮、汕、漳、泉等分化指稱。潮、汕、漳、泉的教員、訓導和教官，在唐山早有舊恨，在台灣又因磨擦不和而生新仇。他們之間常有惡鬥，就分別慫恿、威脅或挑撥其所轄台灣族人參與他們的打鬥。少數台灣族人受漢化過程影響而轉性，存心趨炎附勢，賣祖求榮去當假唐山人、假漢人（連橫、邱逢甲等人是其中之最），就把它寫成漳、泉、閩、客鬥。久而久之，更加分化了台灣族人的身份迷思。

　　今日台灣聞達歷史學者對清據時期的認知，都是受連橫、邱逢甲等假漢人，以及後來於1949年中國蔣幫壓霸集團帶來台灣的黃典權等人，牽著鼻子迷途向中國。以黃典權為首的中國寫手，奉蔣幫壓霸集團之指示，為呆奴化台灣族人，他們翻查漢人滿官以侵略者心態留下的文書，進一步扭曲改寫、偽造。」

台灣聞達人士：「那朱一貴、林爽文和戴潮春的參加天地會以及來台灣反清復明起義，你總沒話說了吧？」

**筆者解說**：「唉！朱一貴、林爽文和戴潮春的憤而號召抵抗壓霸侵略者，清朝的中國文書從未提過他們是唐山人，只說是台灣刁民；也沒在台灣見過什麼天地會。所謂朱一貴、林爽文和戴潮春是唐山人在台灣反清復明起義，所謂的台灣有天地會，都是蔣幫壓霸集團侵略台灣後，為了呆奴化台灣住民才開始偽造的。您才說過，中國人一向謊話連篇，不能相信，您怎麼就相信這段敘述？」

　　台灣聞達人士：「好吧，那你就舉證朱一貴、林爽文和戴潮春分別是平埔的哪一族人。若你能考證出朱一貴、林爽文和戴潮春分別是平埔的哪一族人，又有確切的證據，那將會是石破天驚的研究。我保證今後所有台派學者都會欣然相信你。」

　　**筆者解說**：「台灣族人被強制漢化後即登記爲民，不再有是屬何族的記錄。不過仍有明顯的證據可探知朱一貴、林爽文和戴潮春絕對是台灣族人。

　　蔣幫壓霸集團僞造『朱一貴是福建漳州人，1714年來到台灣，在高雄內門養鴨爲生』。事實上，高雄內門當時是稱爲『大傑巔社』，是西拉雅族支族的馬卡道族，1741年的《重修台灣府志》還註明爲『土番社』，設置有『土番社學』，1745年才改爲『熟番社』，但社學名稱仍還沒改，還是稱『大傑巔土番社學』，該地區則僅稱爲**『岡山』**。有兩段台灣府的官方文書，也是直稱1721年的朱一貴事件是**『台寇之亂』**，直稱帶頭起義的朱一貴是**『台匪』**（《重修台灣府志》）。**台匪朱一貴**，怎麼會是唐山人呢？福建

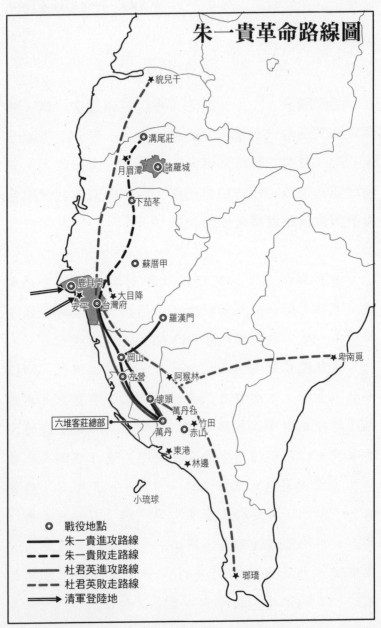

朱一貴革命路線圖（引自陳冠學《台灣四大革命》）

漳州顯然是依朱一貴1714年被強冠的唐山姓所偽造的。**朱一貴是大傑巔社的馬卡道族人。**

蔣幫壓霸集團偽造『林爽文於清朝乾隆二十年（1755年）生於福建省漳州平和縣，十七歲隨父母渡海來台，定居在台中大里代』。事實上，大里代是台中地區之番社（今大里），屬洪雅族。1745年大里代還是尚未登錄的所謂生番社，直至清乾隆五十年（1785年）大里代社才歸化完全，也才有大里代社名出現在清廷台灣府的記錄裡。1772年大里代的番社少年林爽文，怎麼會是唐山人呢？顯然是他在十七歲時被強取唐山名、強冠唐山姓。福建漳州平和縣必定是依林爽文當年被強冠的唐山姓所偽造的。1786年起義**的林爽文是大里代社的洪雅族人。**

蔣幫壓霸集團偽造『戴潮春原籍福建漳州龍溪，居住在彰化縣四張犁莊（今台中市北屯區四張犁）』。事實上，滿清台灣府治設在台南，摧毀台灣文化、強制漢化洗腦是由台南往南北逐漸擴張。當時

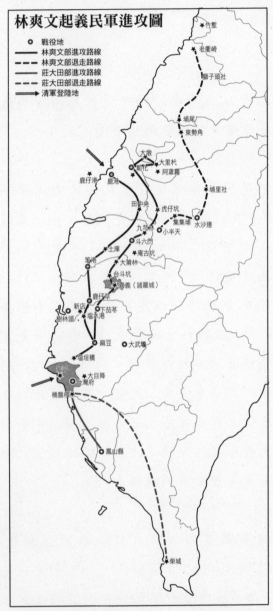

林爽文起義民軍進攻圖（引自陳冠學《台灣四大革命》）

所謂生番社，是未遭鄭成功集團入侵，沒有鄭成功集團舊廟的地方，都是先社學（學堂）後廟學。所謂的生番社乖乖接受漢化後，稱爲熟番社。已完全漢化的番才登記爲民，此時『社』就改名『里』或『莊』。台中地區清廷勢力普及較晚，所以有登錄的番社較少（很多地方還是未有登錄的所謂生番社）。因爲該地原來並未登錄在番社名冊中，所以已查不出原社名。但是，今台中市北屯當時屬『巴宰海族』是可以確定的（台灣府的官方文書有記載）。而後來所謂的四張犁莊一地，是道光五年（1825）才設置社學，表示1825年以前是未登錄的所謂生番社。等當地台灣族人語言、習俗逐漸漢化，才於同治十年（1871）將社學改爲廟宇（四張犁文昌廟記），是爲廟學，繼續把唐山的民間地方宗教行爲加入強制漢化洗腦的過程中。足證1871年以前，該地還一直是番社。等該社完全漢化後登記爲民，才有所謂的四張犁莊的莊名。1862年起義的四張犁莊戴潮春，怎麼會是唐山人呢？福建漳州龍溪必定也是依戴潮春當年被強冠的唐山姓所僞造的。**戴潮春是巴宰海族人。**

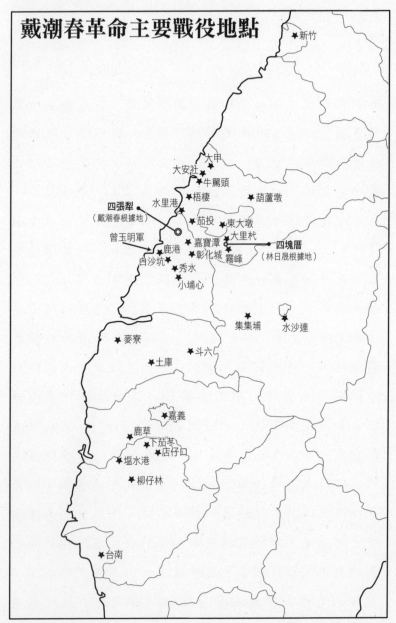

戴潮春革命主要戰役地點（引自陳冠學《台灣四大革命》）

再如弟小時耳熟能詳的台灣民間口謠怨氣歌『頭戴明朝帽，身穿清朝衣；五月稱永和，六月還康熙』，這是台灣民間借朱一貴抗清事件嘆惜的怨氣歌，意思是：『本來好好一個台灣族人，由於鄭成功集團入侵，被押爲明朝奴；滿清趕走鄭成功集團，卻再被迫當清朝民；氣不過，起身抗爭，才自號永和；惜不久即不敵利砲大軍，又被迫受康熙宰制。』2010年高雄內門朱一貴紀念園區打造了一尊朱一貴雕像，底座的右側刻著這段『頭戴明朝帽，身穿清朝衣；五月稱永和，六月還康熙』的台灣民間怨氣歌。不知是立雕像的人不明其意義，還是他一直心裡清楚，明白得很，是故意刻上，明裡暗來，要提醒時下的懵懂大眾。

旁證是：施琅在〈諸羅減租賦疏〉中提到：『自臣去歲奉旨盪平偽藩，偽文武官員丁卒，與各省難民，相率還籍，近有其半。』僅一年時間，就驅逐了一半的在台唐山人。1688年，《華夷變態》也記載：『以前台灣（唐山人）人口甚爲繁盛，漢人民、兵有數萬人（主要是鄭成功集團帶來），自隸清以後，居

民年年返回泉州、漳州、廈門等地，現僅有數千漢人
居住。』四至五年期間，就僅剩數千唐山人在台灣，
而驅逐漏網唐山人的工作仍在台灣持續進行著。再歷
經三十多年的清除在台唐山人，還有嚴懲的峻法『渡
台禁令』，只要是稍有理智的人，有誰會相信至1721
年朱一貴號召抗敵的時候，還有唐山人能在台灣公然
定居？清廷下令驅逐所有在台唐山人，還有嚴苛的
『渡台禁令』，實在難以相信還有唐山人能在台灣集
結、作亂。何況唐山人滿清雇員還明明白白的叫**朱一
貴**是『台匪』，稱1721年的**朱一貴事件**是『台寇之
亂』。

　　此外，在當時清廷眼中，朱一貴、林爽文和戴潮
春是死不悔改的叛亂份子，拒絕招降，在中國是要滅
九族的。而依照蔣幫壓霸集團所僞造之說法，林爽文
1786年起義，若按照其說法，此時才離開唐山十四
年；朱一貴1721年起義，若按照其說法，也僅離開唐
山七年，其唐山家鄉不被殺絕才怪！請問，有誰看到
他們在唐山之家族被誅連的記載了？另外，清廷執意
驅逐所有的在台唐山人，1684年的『渡台禁令』嚴

苛，抓到偷渡者，其在中國的居所及出海口岸地方官必要嚴懲。尤其朱一貴、林爽文和戴潮春又是叛亂主謀，不大舉牽連是不可能的。又有誰看到其中國居所及出海口岸地方官被牽連嚴懲的記載了？反而林爽文事件在台灣就有留下家鄉族人被誅連的記錄：『大里代幾乎被夷爲平地，林爽文家族被捕無一倖免，被株連者更是不計其數，大里代人驚惶逃散。』林爽文是唐山人？可能嗎？

至於1862年起義的四張犁莊戴潮春，年代這麼近，卻未見有僞造他或他家人是何時渡海來台的記錄。不覺得奇怪嗎？

請問，您們還有疑問嗎？」

　　台灣聞達人士：「算你厲害。但是，你自己也承認來了一些偷渡的羅漢腳。這些羅漢腳為何都不能在台灣結婚生子？若羅漢腳沒在台結婚生子，怎又會有所謂『有唐山公，無唐山嬤』的說法？又為何羅漢腳都必須橫死在台灣？自己應先檢驗自己手中的證據，看看是否真能服人？是否還有甚麼地方需要補強？而不是就好像自己都是對的。」

　　**筆者解說**：「唉！所謂的『有唐山公，無唐山嬤』是在說：台灣族人被強制漢化、冠姓，唐山官員和執行強制漢化的訓導、教官，壓霸地硬將這些所強冠之姓的唐山來源稱為台灣族人的『伯公』、『公祖』【《失落的智慧樂土》，頁52；《台灣受虐症候群》上冊，頁59-60】，台灣族人才被諷刺『有公無嬤』。台灣族人私下偶而也以『有唐山公，無唐山嬤』自嘆『被強加唐山公』的無奈。請不要盲目地跟著蔣幫壓霸集團隨便亂解讀！

　　羅漢腳仔就是一些僥倖偷渡成功的逃犯。『羅漢』是強勢好鬥的流浪者，『腳仔』是小嘍囉，『羅

漢腳仔』是指男性單身的遊蕩小流氓。台灣族人又稱他們爲『大本乞食』，是說他們在台灣當乞丐，強硬乞討有如勒索；更自認高級，對施捨的食物和用品還會要挑選；也到處鬧事、搞破壞，台灣族人對他們總是避而遠之。所以弟尚年幼時，常常還會聽見長輩告誡不上進的子女：『不好好做人，將來就做羅漢腳仔啦！』何況還有嚴懲的峻法『渡台禁令』，台灣族人有誰會甘冒災難之險接納他們？他們若持續逃過清廷官兵的追捕，則最後必然都橫死在台灣。台灣族人善心爲他們收屍撿骨，集中掩埋，唐山人訓導、教官認爲流氓逃犯還是他們的同胞，竟恐嚇台灣族人爲他們建小廟供奉，說：否則這些流氓逃犯的陰魂會作怪、會害人，建小廟供奉後，這些陰魂就會應許和平。所以這些小廟供奉的唐山羅漢腳仔就稱爲『有應公』、『萬應公』，這些小廟就稱爲『應公仔廟』。這也是另一種所謂的『有唐山公，無唐山嬤』。若眞有羅漢腳仔能在台灣娶妻生子，怎會有這麼多應公仔廟的『有唐山公，無唐山嬤』呢？

其實，現在台灣聞達人士因爲中蔣幫中國壓霸集

團之毒太深，胡亂解釋台灣民俗詞句的例子還有不少。比如：『食飽沒？』是台灣人好客的招呼話。台灣人禮貌又好客，習慣分享。見面第一句話『食飽沒？』，意思是『若尚未食飽，請來阮厝做伙食飯』。有些人卻學著蔣幫中國壓霸集團，將之鄙夷、歪曲為『多數人吃不飽，吃飽了是幸福的人，所以問候人食飽沒？』若按照台灣聞達人士的歪曲說法，那就是問候別人『你是不幸的人（未食飽）或是幸福的人（已食飽）？』，這樣能通嗎？根本是把馬嘴對到豬頭去了！』

台灣聞達人士：「我還是較認同林媽利教授的混血說！」

**筆者解說**：「請您不要曲解林媽利教授的研究報告！林媽利教授的基因研究成果當然是不容置疑的，弟對林媽利教授的敬佩，除了對學術成就的欽佩，還尊敬林媽利教授面對蔣幫中國壓霸集團的陳叔倬等人之污衊攻擊而不退縮的勇氣。

平地台灣族人帶有一些與北方越南及百越族相同血緣，有可能是遠古人類分別抵達台灣和北方越南及現今中國福、廣的百越族居住地，也有可能是台灣族人數千年前或更早對外傳播智慧時留下的，並不能據以推定是四百年來有百越族人來台灣留下基因。

林媽利教授已證明所謂閩南語系台灣人與所謂客家語系台灣人在體質DNA上並無差異，且這體質DNA與漢人是不同的。林媽利教授之所以對平地台灣人帶有一些與北方越南及百越族相同血緣，最初會解釋為可能是唐山公帶來，主要是受台灣聞達人士謬誤地解讀『有唐山公，無唐山嬤』這句話所影響。原

台灣住民在體質DNA上並無混到漢人基因，而現在所謂之中國閩南人與客家人是有混到漢人基因的，更證明台灣聞達人士對『有唐山公，無唐山嬤』這句話的胡亂解讀是完全錯誤的。

至於今日還知道自己是西拉雅族人、凱達格蘭族人和巴宰海族人等的台灣平地住民，其體質DNA還保留有一點點族群獨特性，則應考慮台灣平地族人不漢化就被歧視、被驅逐的因素，他們近七十年來才被漢化，必是以前因堅持拒絕被迫漢化而遭驅逐、隔離的一群，就如同山地各部落被『封山令』分區隔離二百多年一樣，族群縮小，基因純化。林教授研究發現，Miltenberger血型在阿美族是95%，但隔壁的布農族卻是0%，也是被強制隔離、族群縮小、基因純化的關係。而台灣其他各平地族人，因族群被打散，加上交通發達，各地交流頻繁，基因全面混合已達三百五十年。

原台灣平地住民之所以被分化爲客家語系與閩南語系，只是因被強制漢化的來源不同，造成現在語音、生活習慣有別而已。既然原台灣住民在體質

DNA上並無混到漢人（唐山人）基因，就表示並沒有唐山公在台灣娶妻生子。可見聞達學者若輕忽、怠惰，其為害既深且廣，更是隨處可見。」

# 三、順者爲民，逆者爲番

在強制漢化過程中，較特別的是「訓導」和「教官」，訓導和教官對台灣平地族人的日常生活有無上的權威。教化過程可以指揮官兵以武力鎮壓，拒絕接受漢化者，或被嚴厲處罰，或被迫遷避至偏遠貧瘠之地。

接受漢化者列爲「民」，未接受漢化者列爲「番」而加以歧視。列爲番者，不被承認擁有資產的權利，可隨時將其向偏遠、貧瘠區域驅逐。列爲民者，可登記住宅、耕地，人身也受到較多保障。如此加速台灣人接受漢化的意願。但仍有不少民族自尊心較強，堅持台灣傳統文化的台灣族人，寧被視爲番而不移。然而，因受到歧視（被稱爲平埔番），生活條件差，台灣文化不但無法發展，更逐年凋落。

中國人狂妄，習慣稱外人爲番，加以歧視。被列

為「民」的台灣平地族人，由於語言及生活形態已近乎全部漢化，對任何事物的說法都必須跟著唐山人教員、訓導和教官重新學習。原本自己的事物也都被加上個「番」字。例如：稱拒絕漢化的同胞為番，還有番仔火、番仔油、番薯（甘藷）、番仔田、番仔厝等。

由於唐山教員、訓導和教官不重視算術，台灣族人才得以保有台灣數字這自己的名稱（台灣數字碼、台灣碼）。而唐山來的賄商，因為交易工作需要，一發現台灣有這神奇、方便又好用的快速運算數字，趕緊用心學習，並傳回給唐山沿海商人，唐山沿海商人遂稱之為「番仔碼」。

台灣電土燈若依唐山教員、訓導和教官的習慣做法，應該會被叫做番仔火。但由於台灣引火材已被他們定名為番仔火，他們只得各自重新取用名稱，所以才會有南部唐山教員給台灣電土燈創造了「電土火」一詞，而北部唐山教員卻另給台灣電土燈創造了「磺火」一詞。電土火、磺火都是指台灣電土燈。

　　因各不同來處的教員、訓導和教官之間常有利益
衝突或新仇舊恨，他們常慫恿所轄之「台民」（完全
漢化後登記爲民）和「熟番」（半漢化者登記爲熟番）
助其武鬥，竟也被稱做是潮、汕、漳、泉之間的衝
突。

　　爲使台灣自己的歷史意識更徹底淡化而消失，漢
人滿官於清康熙二十六年（1687年）慫恿清廷在台灣
開放科舉考試，錄用少數台灣人爲官，以富貴機會吸
引台灣人專心研讀中國典籍，傳誦中國史蹟。即使未
當官，只要徹底漢化，也能得到漢人滿官的青睞，
藉勾結滿官而擁特權。於是，少數受漢化過程影響而
轉性追求名利的台灣族人，開始存心趨炎附勢。爲了
滿足虛榮，甘願賣祖求榮，去當假唐山人。更不惜扭
曲、僞造台灣歷史，硬要把自己連上中國。

　　一些徹底漢化者，因漢化而轉性貪婪，依勢勾結
漢人滿官，強取利益、豪奪土地而坐大，自號「阿
舍」或被漢人滿官封爲「士紳」，威風鄉里，例如連
震東、黃朝琴家族。清末台灣巡撫劉銘傳就曾上書清

廷：「蓋台地雖歸入清朝版圖，而與內地聲氣隔絕。
小民不知法度，無從請給執照。其赴官請領墾照者，
既屬狡黠之徒，往往眼看某處埔地有人開墾行將成
業，乃潛赴官府請領執照，獲得廣大地段之開墾權，
多至數百甲，少亦擁有數十甲。以執照爲證據，坐領
他人墾成土地，爭執興訟。無照者且不能對抗之，因
不得已承認其爲業主，而納與大租。是以大租戶（直
接向官府繳稅的大地主）不費絲毫勞力坐收漁利。而
實際上投資開墾者，則反居小租戶的地位。」就這
樣，在台灣造就了一些「士紳」、「阿舍」等假唐山
人。

1895年中日甲午戰爭，中國戰敗求和，割讓台
灣。日本入侵台灣後，視台灣爲日本國土的一部分
（日本是自強盜手中拿到贓物，卻自以爲合法），企圖
把台灣日本化，全力經營台灣：修築綿密的鐵、公路
網；建造高雄、基隆深水港口及各地飛機場；普查登
錄戶籍；廣設公立學校，推廣教育；重新精準測量地
籍；普及現代化醫療衛生院所；發展現代化工業；開

關水庫與灌溉渠道、自來水與下水道設施；開發礦產。種種建設台灣的作為，當然是為了日本的長遠利益；但也確實為台灣的重新進步貢獻良多。台灣又見工業發達、經濟繁榮。

二次大戰末，日本戰敗投降。蔣幫壓霸集團在中國的貪腐暴政，已顯露不可收拾的頹敗跡象。為做困獸之鬥，遂藉美軍戰後急需休養之機會，誘使美國於1945年9月將台灣暫時讓其接管（同時還有接管越南和太平島），以便掠奪台灣財物，救援其在中國的危急。為了迅速榨乾台灣、吸乾台灣，燒殺、擄掠、摧毀，無所不用其極，把台灣造成人間煉獄。

　　台灣聞達人士：「你說清廷強迫漢化、冠姓，有不從者家產不能登記，可否提供資料來源？」

　　**筆者解說**：「平地族人若拒絕漢化，財產隨時可被奪，人被驅逐，您可查閱清康熙時期各年代所繪台灣地圖的變化，以及道光年間噶瑪蘭通判柯培元所寫的〈熟番歌〉。將清康熙各年所繪台灣地圖加以對照，就可以看出全番社拒絕漢化的所謂生番社，番界一直往外退。若番社內有部分接受漢化，有部分抗拒漢化，則接受漢化者劃撥給土地肥沃又較適宜居住的區域，另立莊、里、街之名稱，例如，屏東的上淡水社、下淡水社在1760年之清乾隆地圖就突然出現個萬丹街（荷蘭據台的早期是有萬丹社在淡水社的旁邊，但因萬丹社族人抵抗荷蘭人，被荷蘭人滅社，少數存活的族人四散，萬丹社當時早已消失近百年）。1704年的清康熙地圖並未有萬丹社或萬丹街，而清乾隆地圖的萬丹街卻出現在上、下淡水社的中間，把上、下淡水社往兩旁推開，且萬丹縣（屏東縣）縣丞公署就設在該地，足見居住在萬丹街是接受漢化的淡水社族人，並

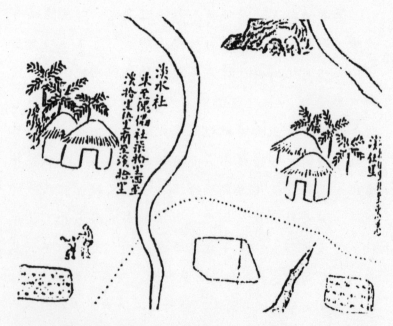

1704年的清康熙地圖,並未有萬丹社或萬丹街(引自沈建德
《台灣血統》)

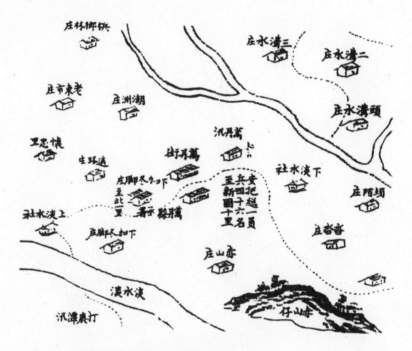

1760年的清乾隆地圖，萬丹街卻出現在上、下淡水社的中間，把上、下淡水社往兩旁推開（引自沈建德《台灣血統》）

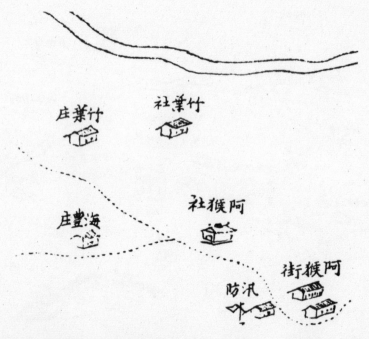

1760年清乾隆台灣地圖的阿猴街（屏東市）、阿猴社；竹葉
莊、竹葉社，也是接受漢化的族人佔盡地利（引自沈建德
《台灣血統》）

受漢人滿官的青睞,佔盡地利。拒絕漢化的淡水社族人,則被迫分別往外遷移,才有上、下淡水社出現。其他地方則常見社與街或莊同名,且相距不遠,例如:1760年清乾隆台灣地圖的阿猴街(屏東市)、阿猴社;竹葉莊、竹葉社,也是接受漢化的族人佔盡地利。

另外,噶瑪蘭通判記述有拒絕漢化的族人,土地被強佔,訴之官府也沒用的情形:『啁啾鳥語無人通,言不分明畫以手,訴未終,官若聾,竊視堂上有怒容。堂上怒,呼杖具,杖畢垂頭聽官諭。』

這種拒絕漢化的族人被歧視、被欺侮的情形,後來延續成漢化深的(阿舍、士紳)歧視、欺侮漢化淺的。清末台灣巡撫劉銘傳,就是將所見的這種惡習上書清廷。」

第三章

# 全部徹底呆奴化的

# 陰狠。

*Chapter Three*

# 一、認盜作祖的胡塗帳——祖譜

　　1949年12月，蔣幫壓霸集團在中國已無立足之地，成為人人喊打的流寇。於是集體逃亡到台灣，開始讓台灣人奮力復建，以供養其在此「夜郎自大」。

　　蔣幫壓霸集團逃亡台灣後，為逞其永遠坐享霸王地位之獸慾，運用厚黑學，經周密的陰狠設計，以恐怖極權為工具，將逃難來台的華裔移民家奴化；同時將原台灣土地上的人民洗腦，篡改台灣歷史，摧毀原台灣住民最後尚存的台灣印象和良知【《台灣受虐症候群》上、下冊】。

　　中國蔣幫壓霸集團推派一批以1949年隨中國蔣幫壓霸集團來到台灣之黃典權為首的文化殺手。他們從中國搜集漢人族譜，再邀來願當假中國人的台灣屈服學者，故意曲解、改寫清朝留下的文書，再遍訪全台各主要姓氏家族，騙取更多台灣住民當假漢人，鼓勵偽造族譜或重修既有的台灣住民簡譜與假漢人族譜，

再硬把台灣各家譜串聯上從中國搜集來的漢人族譜。
再用清廷治理敵境的基礎，將已被分成的山地、客家
語系、福佬語系的三類族群台灣族人，再深度分化。
蔣幫壓霸集團再特稱山地台灣住民爲原住民（製造僅
有山地台灣住民才是原住民的假象），加深分化洗腦，
並塑造侵台的中國蔣幫集團爲「當然貴族」。這些蔣
幫惡徒自稱爲「高級人」，使台灣百姓多數逐漸自卑
喪志。少數人則變得寡廉鮮恥，以附貴求榮自滿。歷
經二至三代七十年的強塑，台灣人民還有本質記憶
者，已經稀有、罕見了。這時要喚醒台灣人民的良知
本性已難上加難。

　　根據《台灣公私收藏族譜目錄》，依撰寫族譜時
間來分，清朝時期乾隆二十三年以前有二十二件；乾
隆二十三年以後有一百二十四件；日據時期有二百零
六件；蔣幫壓霸集團據台的1951年後有七百九十一
件。

　　乾隆二十三年以前，願當假漢人的還很少。乾隆
二十三年以後，因漢化影響而轉性追求名利、存心趨

炎附勢的台灣住民稍多，這些人學著追求虛榮，偽造族譜，訴求抬舉身份，好像還可騙騙子孫。日據時期才寫的假族譜就奇怪了，這時才編造一、兩百年前的出身，難道子孫也會相信？何況這些舊族譜都屬簡略，蔣幫中國壓霸集團侵台後才又被誘騙重編，硬是加入漏洞百出的中國漢人族譜。至於1951年後才被蔣幫壓霸集團誘惑而編造的假族譜竟高達七百九十一件，只要稍具思量能力的人，則應該會當笑話看了！

　　筆者曾遍訪台灣有族譜、祠堂的地方，其台灣自有族譜原都不長，再穿鑿附會，跳空幾十年，甚至一、兩百年，硬連上當年某人由唐山到台灣。由此不難明瞭，那都是認盜作祖的胡塗帳。何況，當時偷渡台灣要受連坐嚴懲，再犯即正法（處死）；有任務或特殊需要（工匠和墣商）批准赴台，則需「文武差役、誠實良民，必將赴台何事，歸期何月，敘明照身票內，汛口掛號，報明駐廈同知、參將存案，回時報銷。倘有過期不還，移行台地文武拘解回籍」、「凡台灣革逐過水之犯，務令原籍地方官收管安插，左右鄰具結看守。如有仍舊潛蹤渡台，將原籍地方官參

處，本犯正法，左右鄰嚴行連坐。庶奸民有所畏懼，而台地可以漸清」【藍鼎元，《經理台灣疏》】，怎麼可能會有任何唐山人能夠明目張膽地久留台灣開墾？要不是李登輝總統技巧地及早把台灣帶向民主化，再過幾十寒暑，當年被蔣幫中國壓霸集團強加漢姓漢名的山地族人，是不是也要硬被連上漢人族譜了？如果那些中國壓霸集團繼承者再到山地族人居住地建置其家鄉祠堂，那台灣山地族人是不是有一天，如果神智不清，也可能像被嚴重呆奴化的平地族人謝長廷一樣，要到中國去「認（賊）祖歸（盜）宗」了？

筆者在《失落的智慧樂土》一書裡，對於台灣族人被誘騙而假造族譜，曾有舉例說明【《失落的智慧樂土》，頁53-56】。今再舉一例較誇張的吳氏族譜：台灣偽造的「吳氏族譜」，據筆者所知，就有二個版本都稱「吳氏宗族寶鑑」。一、是桃園的吳銅於1959年編製，聲稱來台祖九十二世福新，來自廣東陸豐縣、福建省晉江縣等地。二、是新竹吳勝榮、吳家聲

於1972年編製，聲稱來台祖來自廣東陸豐方角都。於1949年隨中國蔣幫壓霸集團來到台灣的黃典權，是重要凶手之一。二者修族譜都始於蔣幫中國壓霸集團陰狠地呆奴化台灣住民最烈的時候，再各自把台灣家族跳空連上中國的「吳氏宗族寶鑑」，然後各自將中國「吳氏宗族寶鑑」之名掛在自家族譜上。

　　台南也有吳家族譜，聲稱其先祖是鄭成功據台時期的官員吳鳳胎（號幹甫），死後墓葬灣裡。其重修族譜也是在蔣幫中國壓霸集團陰狠地呆奴化台灣住民最烈的時候，內容漏洞與矛盾百出。「吳家族譜」毛筆手寫本封面謂：「始祖幹甫公從寧靖王來台授占地官太史職造曆占天象迨鄭候（候？後？）歸本朝聖祖康熙仁皇帝（也是抄自桃園、新竹兩處被新偽造的『吳氏宗族寶鑑』）」，2004年電腦打字本卻寫「率于1680年葬在灣裡」。這只能有兩種解釋：一、吳鳳胎並未死在台灣，而是歸順清廷被趕回中國了，灣裡之墓是偽造的（例如，寧靖王墓也經證明是偽造的空墓。清廷將在台唐山人全部趕回唐山時，連死在台灣的唐山人墓也一併挖走屍骨）。所以毛筆手寫本第二頁寫

道：「公罷職自隱傳三世祖」，表示吳鳳胎降清，回唐山受到清廷獎勵。也所以三世祖初暉十個兒子中能有六個是「監生」、兩個是「貢生」。這在中國境內已是極爲罕見，何況是境外的台灣，是絕不可能的，也從未聽說過。（中國明、清的科舉與學校結合，其國家最高學府是國子監，取得「入學」的資格，即成爲生員。入學有兩個途徑，一是通過稱爲童試的縣、府、院三級考試。這是大部分中國明、清士子所用的方法，被認爲是入士的正途，是貢生。另一方法是以監生身份進入國子監。監生中有皇帝恩准的「恩監」；因長輩曾爲國建功而特准的「蔭監」；透過捐獻金錢財物而成的「捐監」。貢生、監生可直接派官，亦可應會試。）這毛筆手寫本定是來自中國，是用來洗腦台灣族人。那就足證在台吳家是認盜作祖了。二、反之，若吳鳳胎眞是死於1680年，葬在灣裡，那「迨鄭侯歸本朝聖祖康熙仁皇帝」是指整個家族被趕回中國時，吳鳳胎的屍骨同時也挖走了。這與當時清廷之命令是符合的。但是，這又與毛筆手寫本第二頁所指出：「公罷職自隱傳三世祖」、「三世祖初暉十個兒子中有六個是

『監生』、兩個是『貢生』」相矛盾了。所以，不論如何解釋，都證明這族譜全是偽造的。另外，毛筆手寫本第二頁：「公罷職自隱傳三世祖。欲行公生三子，次子名日垣，日垣即三世祖」，旁的三世祖又寫為初暉公。若「初暉」是字或號，又與倒數第二頁不符。倒數第二頁寫道：「欲行公第二子名初暉。」可見都是胡塗帳。

　　更令人啼笑皆非的是，台灣另有一「石姓」家族也是拜吳鳳胎為「伯公」或「公祖」，族譜由石錦雀提供（註明出自台北市），還登上美國猶他漢人家譜網站。

　　這一「石姓」家族應是和其他台灣姓氏一樣，是被吳鳳胎強冠為「石姓」的，可能吳鳳胎一時忘了指示一個石姓的「伯公」或「公祖」，這一「石姓」家族就被迫以吳鳳胎當「伯公」或「公祖」拜，以其「號」稱石幹甫。或者鄭成功集團當時並不流行另立「伯公」或「公祖」，偽造族譜時，一時找不到可連上中國的石姓漢人族譜，就臨時從中國「吳氏宗族

## ■ 臺灣家譜

| □ 臺灣碑碣拓片 | □ 古書契 | □ 台灣家譜 |
| --- | --- | --- |

| 題名 | 主要題名 | 石氏族譜 |
| --- | --- | --- |
| | 並列題名 | |
| | 編纂者 | 石錦雀 記事 |
| | 面訪者 | 趙振績 |
| 出版日期 | 中曆 | 民國72年 |
| | 日曆 | |
| | 西曆 | |
| | 微縮片複製日期 | 19830715 |
| | 卷冊數 | 1冊 |
| | 頁數 | 10頁 |
| | 類別 | 家譜 |
| 簡述 | 姓氏宗派 | 石氏 |
| | 始祖 | 石幹甫(來台始祖)吳旋銳 |
| | 入臺年代 | |
| | 入臺祖 | |
| | 原籍 | 福建省漳州府龍溪縣二十九都岱東社 |
| | 世代 | 1~15世代 |
| | 包含地區 | |
| | | 台北市; |
| | 附註 | 本譜系原珍藏者：台灣大學經濟系一年級；學號：B71303076號；學生石錦雀提供 |
| | 來源 | 複製自美國猶他家譜學會臺灣家譜微縮資料 |

http://memory.ncl.edu.tw/tm_cgi/hypage.cgi?HYPAGE=document_twgn_detail.hpg&subject_name=%E5%8F%B0%E7%81%A3%E5%AE%B6%E8%AD%9C&subject_url=document_twgn_category.hpg&project_id=twgn&dtd_id=58&xml_id=0000766932

寶鑑」抄錄一段下來，就說「石幹甫」（吳鳳胎）是他們的祖先。不論是哪一原因，那現在他們瞭解有人在跟他們爭著認盜作祖，此一「石姓」家族不知是否要和台南吳氏家族去打「誰才是正統」的「認祖官司」？如果是偽造族譜時筆誤、誤植（石、吳差那麼多，現台語發音又完全不同，實在難以想像，何況整個族譜都姓石，連吳鳳胎也寫為「石幹甫（號）」，但獨留「吳旋銳」沒寫錯？），而且發覺後又幾十年不加改正，足見彼等根本不在乎族譜的真偽，只要硬連上中國即可，這才是他們真正的心態。

另外，台南新市（本名新港）有一李姓人家，1874年時還記載著「是西拉雅族新港社的頭目」，1974年（正是蔣幫中國壓霸集團企圖呆奴化原台灣住民最烈之際）編寫族譜時，卻寫下「祖先（相傳）來自江蘇省新港府」，還編出渡台的可能路徑，實在離譜。中國江蘇省並無新港府，李姓人家是新港社的頭目，竟寫出「新港府」來。

1979年，台灣文獻會的楊緒賢先生編製《台灣區姓氏堂號考》，李登輝和林洋港還在上面提字，內容

千奇百怪。今舉蕭氏族譜爲例。蕭家族譜原是在1960
年代就被以黃典權爲首的中國蔣幫壓霸集團文化打手
誘導僞編的，楊緒賢先生在1979年編製《台灣區姓氏
堂號考》時就加以引用，說：「蕭氏族人渡海來台
者，派別列述如下：來自廣東嘉應州者有梅縣蕭槐派
下，乾隆初、中葉，蕭維天入墾屏東市；蕭那英入墾
今八德。」事實上，蕭那英原名「知母六」，是桃園
地區第一位被迫漢化的凱達格蘭族霄裡社頭目，被漢
化後才改名爲蕭那英。第一位被迫漢化的凱達格蘭族
頭目，竟然會被稱爲是「渡海來台祖」！其實也不能
苛責這位楊緒賢先生，因爲中國蔣幫壓霸集團太壓
霸、太陰狠了，現在台灣學者研究的資料都是中國特
派寫手杜撰的，若沒能從源頭追查，實在很難發覺眞
相。連老實學者（所謂漢學仙）都被騙得團團轉，一
般台灣大眾豈能有不上當的。原台灣住民被誘騙編造
假族譜的例子實在不勝枚舉，以上僅略述一二。

　　台灣聞達人士：「就算很多台灣族譜都是台灣族人被誘騙而造假，你也不能就說台灣族譜沒有一件是真的。」

　　**筆者解說**：「為了查證到底有沒有唐山人真的曾留在台灣，弟到全台灣各地自稱有宗祠、族譜的地方拜訪，懇求讓弟查核其先人是從唐山到台灣的原始記述，結果卻證明全部都是穿鑿杜撰，漏洞百出，沒有一件是真的。弟當時有被臭罵過、被威脅過，還曾受點小傷。如果有誰還自稱他的祖先是百年以前來自唐山，敬請『勇敢地』拿出原始記述或族譜，讓弟查核，前衛出版社可以轉交。十年的心力，只是希望每一位原台灣住民都能明白自己的根、珍惜自己的根，不要再過著胡裡胡塗的日子。」

　　台灣聞達人士：「就算所有連上中國的台灣族譜都是被誘騙而偽造的，你也不能證明我不是漢人後代！」

　　**筆者解說**：「弟知道，自幼接受教化的根深柢固，一時要加以扭轉回來確實困難。所以法國生理學家Claude Bernard才會有句名言：『既有的知識是思考學習的最大障礙。』弟向友人介紹這句話時，常被質疑：『知識是思考學習的助力，怎麼會是最大的障礙呢？』弟解釋：所謂知識是由學習得來的認知，因為這認知多是由某人從某個單一角度觀察得來，所以常見不完整的知識，也所以做學問必須多方思考才是。若不能瞭解到自己的認知可能並不完整，則思考就會一直被這先入為主的基礎認知所限制，因而無法走出錯誤認知的窠臼，所以『既有的認知常常是思考學習的最大障礙』。這就是清廷唐山官員和蔣幫侵略台灣時使用的狠毒招式，全面查禁台灣文明，再偽造台灣歷史，用來洗腦，塑成台灣人先入為主的認知，使台灣人要重新正確思考已難上加難。這種奸狡手段

實在有夠陰狠。

其實，被漢化後轉性追求名利，爲勾結漢人滿官圖利，再自甘去做假漢人的原台灣住民，本來是極少數（都是所謂的士紳、阿舍）。只要是對台灣稍有瞭解的各國（包括中國）政、學界，直到二次大戰結束後都還知道『台灣人全部是原住民』。1947年發生二二八事件時，因受到蔣幫壓霸集團以及連震東、黃朝琴等假唐山人所誤導，英國報紙刊出『六百萬台灣島民大多數是屬中國人，有意願和中國合併』的錯誤報導，英國外交部立刻向該報紙提出糾正：『台灣人是中國人，這句話是中國人（指當時入侵台灣的中國蔣幫壓霸集團）說的，絕大多數的台灣人其實是原住民。』原文是：『Only because the Chinese call them Chinese! The great majority are aboriginal ...』

如果弟說明了這麼詳細，您還是不相信您與漢人無血緣關係，那您應該自己提出證據，來證明您是漢人後代，這才是理性的邏輯思考。不能僅憑『從小中國人是這麼教我的』或是『大家都已認爲是如此』就自我說服，或要說服他人。您自己也說過：『中國人

一向謊話連篇，不可相信』，您『大家都已認為是如
此』的認知，不正是從小接受來自中國的洗腦教化
嗎？」

　　台灣聞達人士：「但是，我就有認識幾個人，一個他家的神主牌上都還記載有唐山原鄉的地名！另兩個的舊祖先墓碑則刻著有唐山原鄉的地名！」

　　**筆者解說：**「唉！台灣族人被強制漢化後，被迫冠唐山姓、取唐山名，還被迫接受個唐山公祭拜。神主牌上的唐山地名，就是此唐山公的唐山地。多數台灣族人在日本據台時，唐山官兵、人員撤離後，早將之丟棄（神主牌上的記載都是一片一片排併，抽出來丟棄很容易），少數繼續留著的還是有。只是不知您認識的那幾個人的家族，是完整保存了所有舊神主牌記錄，還是在蔣幫中國壓霸集團陰狠呆奴化原台灣住民最烈時，才僅把記載被冠姓和被強加唐山公那一片丟棄。如果您認識的那幾個家族是完整保存了所有舊神主牌內容，那就應該看得出被強加唐山公的真相。弟以下就找一件完整保存了所有舊神主牌記錄的例子給您看。

　　苗栗後龍（道卡斯族）有一劉姓人家，以前是後龍新港社（與台南新港社異地同名，全台有數個新港

乾隆中末葉道卡斯族新港社土目貓老尉畫像

社，都是原台灣語的音譯名）頭目（頭目是荷、鄭據台時所強制選立，台灣族人原本是輪值議會式眞正民主社會，不設頭目【《失落的智慧樂土》，頁64-67】），這頭目家的神主牌註有堂號『彭城』（中國廣東彭城），先人墓碑也刻上『彭城』二字。不過神主牌內也有一片記載著『鄭時歸順』、『清初降清賜姓劉』。原台灣族人被強制漢化後的舊神主牌內容，都是如此這般！

　　弟說明至此，您要是還有疑問，隨時可再提出。」

# 二、替林媽利醫師反駁幾句

　　這種台灣平地族人認盜作祖的情形原是少數（都是士紳、阿舍），在蔣幫中國壓霸集團陰狠地呆奴化台灣住民後，才變得嚴重而普遍。筆者是1951年生，世居台南鄉間，祖上至筆者父母以前，都是樸實務農過日。由於鄉間受到中國壓霸集團呆奴化較晚，在1970年以前，家鄉住民都還一直稱隨蔣幫中國壓霸集團逃難來台灣的中國人為「唐山人」，對蔣幫中國壓霸集團則稱「阿山仔」（有討厭之意涵），1970年以後，才逐漸隨著率先被奴化洗腦的社會人士出現「外省人」這個錯誤說法。

　　台灣聞達人士自幼就是浸淫於中國壓霸集團的洗腦教化下，求學時為了成績好，只專心埋頭於苦讀標準教科書，致能脫穎而出的所謂「優秀學生」。及長，既已聞達，更無心也無暇去追究台灣的真正史

實，對台灣的所有認知與自我身份的認識，全部都停留於來自中國的惡意教化，固而不化。而努力競爭中的常勝者，若欠缺理性思考與自省的能力，易有自戀傾向，更會磨損「欣賞他人之美」的怡然心境。所以今日具台灣意識的聞達人士，互不相讓，組織了數十個團體，各自說為台灣打拚，卻個個不能擺脫「次台灣受虐症候群」（次斯德哥爾摩症候群）的痼疾。個個呼籲大家為了台灣要出錢出力，因力量分散，且一直迷失了其台灣族人的身份，致成效有限。更糟糕的是，其中一些領導者，地位越來越高，財富也累積越來越多，離台灣人本性也越來越遠了。

今日台灣的困境，全因為台灣聞達人士自己身份的迷失。這些台灣聞達人士，雖能警覺中國人的自大、貪婪、陰狠、壓霸且慣於偽造文書而知道要拒絕、要反抗，但心態上仍然受到「台灣人被洗腦後身份的迷思」所禁錮，自以為是漢人，或自以為至少是半漢人（次斯德哥爾摩症候群）。而所謂風行草偃，使得一般台灣民眾更受到深化迷惑，因為大眾的錯誤認知，無論是來自學校教育或社會教化，絕大部分都

是受檯面上的聞達人士所影響。

　　一些自許具台灣意識的聞達人士，在論述台灣的
獨立建國時，仍是昧於漢人迷思，不但不肯面對自己
眞正身份的歷史事證，還對林媽利醫師發現的科學證
據加以污衊。一位教授竟然說出「近年來，在面對中
國『血濃於水』、『同文同種』的原生式民族主義召
喚之際，開始有人以血液來分析台灣人與中國人（漢
人）在基因（HLA，即組織抗原）上的差異（林媽利，
2001）」；「果眞台灣人是百越族、以及／或是平埔
族的後裔，除了充滿浪漫的情懷以外，完全不能擺脫
原生論思考的侷限。首先，我們是否因此要與血緣相
近的閩、粵、南洋華人共同建立一個國家？是不是應
該與同屬越族的越南建立更深的關係？我們必須回答
一個逃避不了的問題：由於戰後來台的外省族群並無
平埔族的成分，是否因此就無法選擇接受台灣人的民
族認同？」這位教授自己深陷「次台灣受虐症候群」
的心理問題無法解脫，竟然把林媽利醫師抹黑成像是
種族主義者。

　　先是以「有人」二字指稱林媽利醫師，後面再加上（林媽利，2001），分明是輕視的含意（林媽利醫師其實也是國際知名教授），還提出「原生論思考的侷限」之說法。再以「是否因此要與血緣相近的閩、粵、南洋華人共同建立一個國家？是不是應該與同屬越族的越南建立更深的關係？」、「由於戰後來台的外省族群並無平埔族的成分，是否因此就無法選擇接受台灣人的民族認同？」暗示林媽利醫師是種族主義者。

　　筆者現在就可以代替林媽利醫師回答。

　　首先，林媽利醫師從來沒說過「血緣相近就要建立一個國家，或是一個國家的國民應該血緣相近」，請不要含血噴人。反而您自己文中也用「台灣人」這三個字指稱「原台灣住民」，才更可能被貼上「種族主義者」的標籤。

　　一個國家的成立，主要是以國家認同為要件，多種血緣族群當然可建立一個國家（已有不少國家是多種血緣族群組成）。事實上這世界已幾乎見不到純單

一種族的國家。何況原台灣住民一向好客，任何已在
台灣眞心落地生根的人，當然都歡迎來共同追求台灣
這塊土地的福祉（都已經移民來台這麼多年），都可
以是台灣人。但是也不能乞食趕廟公，絕不能因爲原
台灣住民和睦與謙讓的善良天性，就任由陰狠、壓霸
的侵略者永遠地奴化，而永遠不知覺醒。就如，任何
人都不可以跑去強佔他人的家園，自封爲家長，受這
家人供養，不高興時就隨意打罵，高興時就冷嘲熱
諷，還強制這家人祭拜其祖先。現在這家人抗議這不
公平，就勸這家人：「人要往前看，就別追究過去
了，既已習慣了這麼久，還是繼續任我們擺佈吧！」

　　而中國「血濃於水」、「同文同種」、「原生式
民族主義召喚」，都是「中國虎姑婆（吃人老虎所變
裝）要騙小孩來吃的把戲」。到如今，連這種老把戲
都看不出，眞是……！中國虎姑婆要吃小孩時就說：
「我是你的姑婆，是愛你的長輩，不必害怕、不要遲
疑，快把門兒開開。」這是小學生都知道的。「血濃
於水」、「同種」就是在騙說「我是愛你的姑婆」；
「同文」是長期被壓霸的結果；「沉迷於錯認身份」

（受到錯亂的民族主義召喚）則是被呆奴化後會聽信虎姑婆的謊言，伸出去開門的那隻手啊！會被「錯亂的原生論思考」所侷限、所蠱惑的，不正是身陷「次斯德哥爾摩症候群」無能自拔的台灣聞達人士嗎？

再者，閩、粵、南洋華人和台灣根本完全沒有關係，就連血緣也與原台灣住民扯不上關係。請不要指鹿為馬！誰要堅持裝假漢人、假華人，就自己去吧，不要非硬把全體原台灣住民一起拖下水不可！

至於「由於戰後來台的外省族群並無平埔族的成分，是否因此就無法選擇接受台灣人的民族認同？」，則再一次完全顯露出「次台灣受虐症候群」的病症。外省族群？是「早期來自中國的難民移民或壓霸侵略者」吧！「選擇接受台灣的」應該是善良「移民」吧！

好客是台灣住民的天性，都移民這麼久了，只要是真心認同台灣這塊土地，台灣住民當然會歡迎一起在台灣追求永續的幸福生活。

但是，若在台灣佔盡便宜還賣弄是「高級人」，不爽時就以羞辱台灣這土地和台灣人為樂，囂張地叫

罵「鬼島」、「台巴子」、「趕羚羊」、「LP」、
「他馬的」、「你來到我們的城市，我把你們當人
看」、「能有非台灣籍的人來當台灣總統是台灣人的
福氣」、「台灣人很容易就會習慣的」、「你們都是
中國人×出來的」，有哪一個還算清醒的台灣人願意
繼續長期忍受這樣的欺侮和羞辱？自許具台灣意識的
聞達人士不肯清醒，結果卻連累了全體台灣住民繼續
受到這般欺侮和羞辱，自許擁有台灣意識的聞達人士
不覺得慚愧和罪過嗎？

　　林媽利醫師的研究結論，是科學證據，也早就發
表，並得到各國體質人類學者的認可。想批評林媽利
醫師的人，自己應拿出不同意見的科學證據，別空口
傷人才是。


　　林媽利醫師是國際知名的血液病理學者，專長領
域是輸血醫學。她治學嚴謹，為人和善客氣，受人尊
敬，不但反對種族主義，更妥善照顧不同族群的人，
沒有一點差別氣息。林媽利醫師是在做台灣住民血液
特徵（於血液疾病和輸血方面非常重要）研究時，發現

　　不少台灣住民的特有血型和遺傳基因。而這些特有遺傳基因的分佈又與現有的所謂台灣族群印象不合，才引發她廣泛查證的興趣。林媽利醫師攜手同事，努力參加各項人類學、考古學、語言學的研討會。長達二十年的過程中，不斷改善研究方法、增進分析能力，更累積了龐大的資料。林媽利醫師帶領她的團隊，在分子人類學領域，從舊有的認知中一步步修正到更正確、更完整的地步。林媽利醫師自己說過，修正的程度有時相當大。這是科學研究必經的過程，科學的進步本來就是先勇敢地假設、仔細求證，再不斷的修正，才能有真實的結果。這也才揭開了一些時下大眾的錯誤認知。人類體質特徵的研究，證實了所謂閩南語系台灣人與所謂客家語系台灣人，在體質DNA上其實並無差異，是同一族源。且這體質DNA與漢人是不同的。林媽利教授也發現閩南語系台灣人與客家語系台灣人都帶有一些與北方越南及百越族相同的血緣。

　　林媽利醫師專治於醫學，並沒有多餘時間鑽研史實，她還因受到台灣聞達人士的誤導，誤解所謂的

「有唐山公，無唐山嬤」之眞意，也才在最初時會有「原台灣住民這與北方越南及百越族相同的基因，可能是有唐山公帶過來的」之錯誤推測。事實上，不論是所謂閩南語系台灣人或所謂客家語系台灣人，在體質DNA上不但相同，且並無混到漢人基因。而現在所謂的中國閩南人與中國客家人是有混到漢人基因的，更證明台灣聞達人士對「有唐山公，無唐山嬤」這句話的胡亂解讀是完全呆奴化的。

筆者曾書呈林媽利教授，介紹一些原始的正確史實資料，解釋「有唐山公，無唐山嬤」本來的眞正意思，並說明「有唐山公，無唐山嬤」後來被曲解的原由，以及現在所謂閩南語系台灣人和所謂客家語系台灣人都帶有一些與北方越南及百越族相同的血緣之原因（同屬南島語系血緣）和證據。林媽利教授不但不因筆者鄉野人的唐突而有任何不悅，後來還告訴筆者，她會再修正。這樣一個心胸開闊、事事求實，又全心奉獻醫學研究的學者，僅是做了一些本來就是她專長的血液學研究，從未有沾上政治論述的舉動，卻除了有中國壓霸集團派出的陳叔倬等人攻擊她、污衊

她，還得忍受由自許具台灣意識的台灣聞達人士發起之惡意批評，眞是想不到！

原台灣平地住民之所以被分化爲客家語系與閩南語系，只是因被強制漢化的來源不同，造成現在語音、生活習慣有別而已。既然原台灣平地住民在體質DNA上並無混到漢人（唐山人）基因，就表示並沒有所謂的唐山公在台灣娶妻生子。

第四章

台灣已到了
存亡危機的關頭。

Chapter Four

# 一、假漢人的悲哀

　　由於台灣聞達人士持續蒙昧於假漢人身份，中國壓霸集團侵略者更能有藉口鄙視台灣這塊土地上的住民了。台灣人在台灣遭受中國壓霸集團糟蹋，外人看來像是你們家務事一般，雖替你們可憐，卻難以置喙，有時還當笑話看。最近繼承蔣幫的新壓霸集團（說是代表台灣）跑去和中國簽了一些承認自己是地方政府的協定，讓台灣任由中國宰割，世界上的民主國家也只好冷眼旁觀了。這就是目前台灣最大的困境。如果台灣聞達人士還繼續自甘爲假漢人，聽任壓霸侵略者無恥自大地自稱高級人，自己再以次高級人的姿態面對同胞而暗爽，那台灣人要何時才能重建眞正的自由樂土呢？

　　何況，由於台灣聞達人士身份的迷失，還引發不少嚴重的副作用。例如：當國際上對中國的蠻橫、壓霸忍無可忍時，就會一併把氣出在台灣人身上。就在

最近的2014年5月13日，赴越南設廠的百餘台商就因而受到連累。越南民眾氣不過中國的蠻橫欺負，為報復中國，遂侵入台商在越南的工廠，打、砸、毀加縱火，造成人員死傷，財物損失更是難以估算，何等無辜啊！

為何會發生這種事？「台灣聞達人士繼續自以為是華人、漢人」是原因之一。因為國際上根本分不清所謂的華人、漢人、中國人有何不同，台灣聞達人士自己完全不是漢人，也非華人，卻盲目地自認是華人、漢人，難怪國際上會誤認你們是中國人！「台灣聞達人士稱中國移民為外省人，稱中國為大陸（美國本土對夏威夷來講才是『大陸』（Mainland））」是原因之二。因為台灣聞達人士不知清醒，奴化式地稱中國移民為外省人，稱中國為大陸，絲毫不知已赤裸裸地在暗示，甚至擺明台灣是中國的一省。國際上會把台灣人當中國人打，也是可預料之事！

這簡直就如中國古時，王子、公主有錯，就安排特定奴才專門代替接受刑罰。這也是「台灣聞達人士不肯恢復自己的眞實身份，自甘為假漢人、假華人」

所延伸的禍害之一，使得台灣人變成「專替人受刑」
的傻瓜。這還不夠悲慘嗎？台灣聞達人士沒責任嗎？
快清醒吧，快要來不及了！

　　由於身份的迷失，連帶使得台灣人的精神狀態常
處於不敏銳情況。例如，自從繼承蔣幫的新壓霸集團
藉操弄「台灣受虐症候群」重奪台灣政權後（新壓霸
集團之所以能輕易重奪台灣政權，也是由於台灣聞達人
士不肯承認自己的真實身份，不肯面對台灣的真實歷史
和文化，連累多數台灣住民無法從呆奴化（台灣受虐症
候群）中清醒過來所導致），大舉開放中國人藉結婚
取得台灣身份。至2014年3月，台灣的中國籍配偶已
逼近二十六萬人，已取得台灣身份證者超過十五萬
人。每年約一萬兩千人以結婚名義進入台灣，每年卻
有八千三百多對的中國配偶離婚，2010年中國配偶的
離婚更直逼一萬對。其中國親戚以及原來就在台灣的
移民之親戚又准許來台依親，依親的也可以取得台灣
身份證。這種匪夷所思之事，正逐步把台灣推向圖博
（西藏）化。而圖博再想復國，即使想自治，已幾乎

不可能，因爲中國有計謀的大量移民圖博，幾個圖博大城鎮內，眾多中國人已取得強勢主導，中國以人海壓境，圖博已難以掙扎。現在新壓霸集團更急著借服貿的簽定，準備大舉移進中國人入台灣，除了要搶台灣住民大眾的飯碗外，以人海壓境準備奪取更多優勢也是其計謀之一。這種眼前危機，有圖博之例可鑑，台灣人卻仍懵懵不驚。

　繼承蔣幫的新壓霸集團更操弄台灣財政，一步步腐蝕台灣。自肥加買票式退休金制度的長遠爲害就不提了，台灣政府負債單現在就已超過十七兆，換算下來，每個台灣人（是每人，不是每家庭）正背債一百零三萬元，多麼觸目驚心啊！這種眼前危機又有多少台灣人眞的提心吊膽了？這樣處變不驚，眞令人驚嘆！以上僅是台灣根基瀕臨崩壞危機的二個例子而已，台灣人這種對危機心理的知覺懵糊，其實也是原台灣住民身份迷失在受虐症候群（斯德哥爾摩症候群）中所形成的。


　中國共產黨說「工人無祖國」是胡說八道，眞正

「心中無祖國」的是大商人、大財團（尤其是在今日的台灣）。所謂「無奸不商」，大商人、大財團唯利是圖，只要有錢賺，要他叫別人爹娘都不拒絕！

多數台商為貪圖廉價勞力與市場，赴中國準備投資時，中國尊他如祖宗；草創時敬他如老爺；等見他賺了點錢，就罵他龜孫子，把他剝皮吃了，連骨頭都啃下去。逃得快的，為了保命只能黯然回台。

一些大財團、大企業，則因財大、勢大、影響力大，得以結交中國高層權貴做護身符。他們只需餵飽中國最上層高幹，就能持續得意，其他官員、地霸不敢吭聲。大財團、大企業遂得以趾高氣昂地回台囂張，在台灣配合中國與在台新壓霸集團，一起作踐台灣，再企圖把台灣送往中國虎口當賄賂。大財團、大企業的得意揚揚，再引誘其他羨慕而不知死活的台商，前仆後繼，繼續擠往中國獻身。結果是，台灣資金大量流向中國，產業過度外移中國，不但台灣陷入財務困境，產業萎縮，稅收銳減，人力需求急降，年輕一代不是失業，就是只能領低薪，台灣經濟更受到中國鉗制。加上新壓霸政府勾結傾中財團、圖利傾中

財團，完全不顧大眾的民生基本需求，簡單的食衣住
行已壓得台灣住民大眾喘不過氣來。這困境的形成，
追根究柢，其實也是因為原台灣住民自我身份的迷失
和精神的迷思才惡化。

# 二、誰放棄了釣魚台？

　　再看國際正矚目的釣魚台島嶼。釣魚台島嶼是台灣陸棚的延伸，自古即是台灣之附屬島嶼，也一直有台灣漁民在此島嶼活動，幾十年前還設有台灣漁船業者的補給站。1895年日本藉由《馬關條約》，從清廷手中奪取台灣，並取得了釣魚台島嶼，這種狀態一直持續到1945年日本戰敗投降。

　　二次大戰結束後，美軍急需休養，讓中國國民黨黨軍去看管台灣、越南和南海的太平島。蔣介石覬覦台灣之富庶和進步，當時意在搜括。在美國答應讓他暫時接管台灣時，蔣介石就因嫌管理釣魚台島嶼麻煩，主動放棄他認爲是負擔的釣魚台島嶼，卻願意接管遠在幾千里外南沙群島的「太平島」。因爲蔣幫壓霸集團認定太平島是南海海空交通必經之重要地位，自以爲接管了太平島，就可以滿足他們那自大的幻想了。釣魚台島嶼遂由美國自己託管。1951年的二戰後

舊金山對日本和約中，日本已聲明放棄台灣澎湖等不
法取得之領土。依國際法慣例，日本聲明放棄的，當
然包括蘭嶼、火燒島、龜山島、釣魚台島嶼等附屬島
嶼（其實更應該包括八重山群島，尤其「與那國島」，
原與那國島的住民根本就是台灣族人），釣魚台島嶼主
權是早已回歸台灣。但是，當時以蔣介石為首的據台
蔣幫壓霸集團仍堅持不要釣魚台島嶼（蔣幫壓霸集團
無權代表原台灣住民），美軍遂於1953年12月25日公
告「釣魚台島嶼由琉球地方政府管轄」。美國於1972
年將沖繩（琉球）返還日本時，才也一併將釣魚台轉
手日本。

　　在未被迫漢化前的釣魚台島嶼之原台灣語文稱呼
雖已不可考，但釣魚台島嶼屬台灣所有的地名至少已
三百年。中國人原不識釣魚台島嶼，1970年以前，並
無中國人知道釣魚台地名，也從未有任何一個中國人
認為釣魚台島嶼和中國有任何相干。現在中國敢大張
旗鼓地要爭奪釣魚台島嶼，就是由於台灣聞達人士持
續昧於假漢人身份。中國人一向滿口仁義道德，一肚

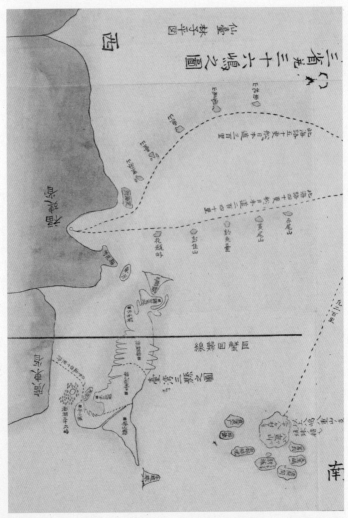

日本仙台人林子平製作的《琉球國全圖》，標示出釣
魚台的位置

子偷盜拐騙，此時就心裡偷笑：太好了，既然你們原台灣住民喜歡自稱爲漢人、華人，我們中國人正好有藉口來搶。若這麼多台灣人自以爲是漢人、華人，又有一批來自中國的逃亡難民在那裡搖旗吶喊，也說什麼台灣是中國的一部分，而釣魚台島嶼自古即確實屬於台灣，那中國出手搶釣魚台島嶼就有了好藉口。若順勢合併攻入台灣，也可算師出有名了！大家看看，台灣聞達人士身份的迷失，給台灣帶來多大的傷害、多大的危難。

台灣是有資格向日本要回釣魚台島嶼主權。但是，台灣人必須向日本及國際說清楚，蔣幫壓霸集團只是台灣給予收留的逃亡難民，並澄清台灣七十年前的原本住民裡並無唐山人（漢人、華人）。蔣幫壓霸集團（美國強迫台灣收容的難民）於1945年向美國表示放棄釣魚台島嶼的言行是非法的，是無效的，所以釣魚台島嶼主權理應仍舊屬於台灣，並向日本政府抗議「收受贓物」。這樣才是正確的做法。

更糟糕的是，由於原台灣住民自己迷失身份，使得台灣有識之士在現今中、日厚顏爭搶釣魚台島嶼的

叫囂中，不敢大聲維護台灣的釣魚台島嶼主權。因爲擔心，若釣魚台島嶼主權眞的現在重回台灣，中國將更容易奪取釣魚台島嶼了！這般心理煎熬，眞是情何以堪！

　　若不是二次大戰結束後美軍爲了休養，要中國國民黨黨軍去看管南海的太平島（同時看管台灣和越南），現在哪來的由所謂的台灣政府佔管太平島。其他南海諸小島更是離譜，貪婪無度、壓霸成性、不知羞恥的中國人，走在路上看到別人門前有東西就想拿，被發現了就要搶，還大聲叫，說是他的。眞是壓霸又不要臉！

# 三、致台灣聞達人士一二言

　　由於檯面上的台灣聞達人士不能體會「應先重建台灣文化、喚醒台灣人民理性思考的能力，尋回台灣史實，認清自己的眞正身份，進而恢復全體台灣人民的本質心靈尊嚴」才是當務之急，更因爲他們不能早日覺醒，連累影響下，使得台灣人民也不能早日完全清醒，不但讓繼承蔣幫的新中國壓霸集團得以繼續操弄「台灣受虐症候群」，在台灣持續囂張加耀武揚威，延宕了台灣自救之路；也不利於使「在台華裔移民」從「被蔣幫壓霸集團家奴化」中清醒。「在台華裔移民」不能從家奴心態中清醒，必然仍深陷於「不是中國人也不是台灣人」的失根浮萍躁鬱症中，這種躁鬱的痛苦，會激發不理性的敵對行爲，會如刺蝟般的滿身長刺。這時，台灣自救過程中的苦難必有增無減。原來，這早於六十多年前，就全在蔣幫壓霸集團陰狠煉製「台灣受虐症候群」時的算計之中，現在更

被中國利用爲想併吞台灣的內應。

　　例如：繼承蔣幫的新壓霸集團，最近就自稱代表台灣和中國稱兄道弟，以地方政府的姿態和中國簽了ECFA，由於馬英九自認僅是台灣地方政府的首長，簽約中將解釋權和批准權交給中國，使台灣任由中國宰割。以船運爲例，ECFA前，90%是由台灣船來往於台灣與中國營運。ECFA後，中國嚴苛解釋條約內容，藉口台灣船不是爲了方便與成本考量而用了很多外國船員，就是爲了順利到世界各國載貨而在外國登記（所謂權宜輪），堅決不准多數台灣船依ECFA航行台灣與中國間營運。台灣船可依ECFA進入中國的就剩1%了，99%都由中國船接單，台商爲了順利運貨，只得向中國船公司低聲下氣。本來台灣的高雄港是台灣與中國相關貨物運往世界其他各地的轉運站，ECFA簽約後，也因中國說是不合ECFA精神，在中國頤指氣使之下，台灣與中國貨物也必須改由中國港口轉運世界各地，連帶使得高雄港的營運急遽萎縮，陷入空前危機。

　　這些可笑又重傷台灣的條件，ECFA簽約前就有

台灣學者提出警告，馬幫新壓霸集團卻堅持ECFA有利台灣航運的說法，施壓這些台灣學者，使之噤若寒蟬。ECFA簽約後，台灣航運界因不堪損失，已難以生存，遂連連抱怨，馬幫新壓霸集團再威脅噤聲。因而其他外國政商，將之視爲茶餘飯後的笑話談論，這就是避談國與國對等交往的陷阱，就是將台灣往中國虎口送。這麼簡單又清楚的陽謀，台灣聞達人士有誰說明給台灣人聽了？現在多數台灣民眾更似乎沒人對這等事有知覺，難怪馬英九敢信誓旦旦地大言：「台灣人很快就會習慣了！」這還只是眾多欺人太甚項目中的一個例子而已！

現在台灣聞達人士是在反服貿，大學生也懂得須反服貿，正確的理由是講了不少，各行各業是有些人開始懂得警覺，但平民大眾呢？有多少比率的人口感受到眞正的迫切危機了？台灣聞達人士若不能先清除那些被奴化的認知和語詞，還是會繼續妨礙台灣人的覺醒，更嚴重阻礙了恢復台灣史實的進程。

　　台灣聞達人士：「你好大的口氣，你這是把台灣聞達人士和學者都罵了。隨便就罵人中了五、六十年的毒素，甚至三百多年的毒素？你自己也生活在漢文化為主的社會，說寫都用漢語，擺脫不了漢人的生活方式，但有誰說你中了甚麼毒素？」

　　**筆者解說**：「弟是心直之人，受的是實證科學教育，思緒習慣於分析明辨的模式，所言必是有證據或以科學角度分析是合理的實情。有些事實聽了確實會讓人不舒服，弟萬分抱歉。例如，『原台灣住民被呆奴化』，想來必定少有原台灣住民喜歡聽。但是，弟說出此言並非有貶損他人之意，弟有三十多年亦是在呆奴化的心智中度過。台灣歷史文明已遭中國來的壓霸集團摧毀殆盡，弟自幼受的當然也是中國人施展的洗腦教育，但至少弟及長後，知道要從各國考古發現和殘存的原始資料與文物中去追查真相。這只是訴說出全體台灣人的悲哀。

　　弟四十歲以前並不確定自己是原台灣住民。幼年時期雖有受姜林獅先生指點，但是一直以為他只是在

講故事，或講他自己的故事。而且家鄉內並無其他長輩有類似的記載或說法，所以弟及至稍長仍是滿腦子呆奴化的思想。所幸弟性好知真理、有惑必求解析，才慢慢從證據中發現真相，再讀了林媽利醫師的研究，就更加確認了。然而即使至今，弟之家鄉族人，雖自知與中國人不同，仍然無人明白自己是真正的台灣原住民（壓霸漢人口中的『番』）。弟偶而向較開明的親友解釋家鄉史實的證據和林媽利醫師的基因研究結果，雖然都是大感驚訝，也承認弟所舉證全無可反駁，大概是因為長期坐視山區與偏僻地區族人被稱為『番』，又被教化『番』有貶損之意，現在想要承認自己也是『番』，一時難以承受，所以至今還是無人願意公開地大聲承認自己是台灣原住民。今日台灣聞達人士和學者，大概也是這種扭曲心理在作祟吧！」

　　台灣聞達人士：「即使如此，你似乎對台灣聞達人士和學者特別不客氣。」

　　**筆者解說**：「弟並非故意不禮貌。弟只是舉出他們疏忽之處，弟以爲只是說出實情。例如：一般聞達的台灣史學者，連荷蘭人以及鄭成功海盜集團最初入侵台灣時的登陸地點都說找不到，接著就一直發生指鹿爲馬的說法。弟非專研歷史的學者，所能觸及的資料也沒有他們多，弟又無特殊的才能或管道，也沒有夠多的可用時間，只是稍微用心而已，就找到十多篇明確指出其登陸地點的最初文獻。弟一直試著將文獻證據寄給這些學者（其中一位還是台灣史研究所博士班的教授），懇請他們至少看一看，結果就是沒有一人肯理會。有一位更可愛，看到又是署名埔農的掛號信，就直接告訴郵差『他拒收』。弟不死心，又寫掛號信給各自許具台灣意識的從政官員，還是沒人肯看、也不肯禮貌性回函。某個聚會中碰到他們（他們已不認識弟），他們都說不記得有這回事，要弟可以再寄。再寄了還是如石沉大海。弟還是不死心，又寫

## 10 DOWNING STREET
### LONDON SW1A 2AA

*From the Direct Communications Unit*                    4 July 2006

Mr ▓▓▓▓ Hong
▓▓▓▓▓▓▓▓▓▓▓▓▓▓
▓▓▓▓▓▓▓
Tainan Sang

Taiwan

Dear Mr Hong

The Prime Minister has asked me to thank you for your recent letter.

Mr Blair would like to reply personally, but as you will appreciate he receives many thousands of letters each week and this is not possible.

The matter you raise is the responsibility of the Foreign and Commonwealth Office, therefore he has asked that your letter be forwarded to that Department so that they are also aware of your views.

Yours sincerely

M DAVIES

前英國首相布萊爾請祕書Mr. M. Davies親自回信，還交
待必須把作者寄去的信函轉給外交部同仁閱讀

Foreign &
Commonwealth
Office

17 August 2006

Hong

Tainan Sang,

Taiwan

Foreign and Commonwealth Office
King Charles Street
London
SWlA 1AH

Tel: +44 20 7008 2657
Fax: +44 20 7008 3669
E-mail: Nicola.Westlake@fco.gov.uk

Dear Mr Hong,

TAIWAN SYNDROME

Thank you for your recent letter to the Lord Chancellor in regards to Taiwan. Your letter has
been forwarded to me for reply, in the department of the Foreign and Commonwealth Office
with responsibility for Taiwan affairs.

The United Kingdom, like most countries, does not recognise Taiwan as an independent state.
Non-recognition imposes very real constraints on what we can and can't do. Despite these
constraints, bilateral relations are in excellent shape. We are actively developing UK-
Taiwanese relations in a number of areas such as trade, investment, transport, finance,
education, health and the environment.

Both the United Kingdom government and the EU regularly raise our concerns with the
Chinese government on Taiwan, human rights and other issues

Yours Sincerely,

Nicola Westlake
Far Eastern Group
Foreign and Commonwealth Office

英國外交部官員特地來信解說

馬主席你好：

　　做為一個台灣人，我一直有高分感慨。台灣人的理性與情感被毒害，又沒病
識感。理智與情感的精神患者本就欠缺病識感。在沒病識感的情況下，要接受
療復是困難的。我是一個平凡之人，在國內實在無能為力。我五月底寫了一封
解析信向國外發送，只是以"我也盡力了"自我安慰

　　近來我不知是衝動中推動，或是有意或是無意的戲謔在毛澤東忌日開始紅衛
兵式的赤化台灣行動。妄想在台灣復活毛澤東。

　　懇請你撥空看一遍附上之該信。相信你能理解，從你看完後的反應，我就能
瞭解你真正的意圖。

　　打擾了！很抱歉！

　　　　　　　　頌

祺

　　　　　　　　　　　　　　　　　　　　洪　　敬上

　　　　　　　　　　　　　　　9-19　2006

　　　同志惠鑒：

　　奉交下　貴同志致主席信函一件　敬悉。

　荷承　貴同志對主席之愛護及支持，謹表萬分感謝之
意！有關　貴同志就黨務、政策等，惠賜寶貴意見，本
室已陳請　主席及相關單位參考，特申謝忱。日後仍盼
時賜南針，共同為本黨再度執政及中華民國的未來而
努力。

　　專此　順頌

時祺

　　　　中國國民黨主席辦公室　敬啟

　　　　中華民國九十五年十月二十三日

中國國民黨主席辦公室

連中國壓霸集團官員
都還知道要有假禮貌
的官式回函

掛號信給檯面上自稱有台灣意識的其他社會、政治人士，也是被直接丟進垃圾桶。連這種無關意識形態，純粹是盲目、疏忽與不用心所造成的謬誤，都沒人願意面對、改正，實在有夠可悲又可憐。

　　弟是將這種『只關心自身名位、不理會眞相』的扭曲心態說出，也許是因爲弟不善修詞，看起來就像在罵人，眞是罪過。但是，一般行得正的人，應會有心直接向不同見解者提出質疑，因爲直接質疑留有給對方詳細說明並提出進一步證據的空間，眞理、眞相就能顯現。若僅各自私下批判，再蔑視、鄙棄，就心理學上而言，是心虛的表現。弟曾去函各國政要，至少都有官式回函。尤其前英國首相布萊爾，他愼重地請祕書Mr. M. Davies親自回信，還交待必須把弟寄去的信函轉給外交部同仁閱讀。英國外交部官員還特別來信解說。弟也去曾函罵中國壓霸集團官員，連他們都還知道要有假禮貌的官式回函。您說，這些台灣聞達人士的心態是怎麼了？」

## 台灣聞達人士：「即便這樣，需要罵人嗎？」

　　**筆者解說**：「弟並無罵人的意思，只是實話實說，弟只是點出他們疏失之處。若因弟用詞不當，台灣聞達人士和學者覺得不舒服，弟可誠心道歉。

　　弟說聞達人士和學者所受的洗腦教化較深，是指聞達人士和學者在中國式外來誤導教育中，必是一貫專心努力，用功於牢記中國式教化的錯誤內容，才能脫穎而出，必也較難認清中國式教化以外的真相，這是無可奈何的事實。

　　但是，聞達人士和學者對社會有較大的影響力，相對的就應負較大的責任。弟為陳述重點，直言無諱，是有不禮貌，但所言全是事實。今日台灣，真相與自我尊嚴普遍因眼前名利而被棄置，許多直言，是不得不而出口。說真話又能是好話，當然最好。但若無法兼顧，則做人應盡量講好話，做事就必須說真話了。弟非作家，也從來不是文字工作者，文詞有限，若得知有更好的說法，必定改進。只是，因為大眾的錯誤認知，不論是來自學校教育或社會教化，絕大部

分都是來自聞達人士和學者的影響，所謂風行草偃，聞達人士和學者怎可不慎？怎可不用心？既已聞達，相對的責任自然應較大。

　　說來您可能也不相信，才最近的三年前（2011年），屏東竟還有一大家族，僅憑其冠上的漢姓，以及中國蔣幫壓霸集團之黃典權爲首的中國寫手在台灣所偽造的移民史，就跑到中國廣東饒平的長彬鄉要去認祖，當地中國人告訴他們：毫無所悉，查遍各種文書記錄也未見有類似記載，絕沒這回事。最後他們竟能與中國人聯手偽造出一本長達五百四十九頁的族譜，硬從台灣跳空連到中國。現在是什麼時代了？真是悲慘啊！但這又是『誰之過』造成的呢？

　　反觀中國蔣幫壓霸集團及其繼承人，他們心裡就清楚得很。2014年2月19日譚家化在評論『台灣人要與中國區隔』時說出：『台灣人若要去中國化，就不能拜關公、媽祖，也不能吃中國菜，連姓氏都必須要改回去。』

　　譚家化是中山女中退休教師，當年隨蔣幫壓霸集團逃難侵台，參與設計強化洗腦台灣人的教科書及社

會教條。她當然知道『原台灣住民絕非唐山人、絕非漢人』，所以她不講『台灣人不能去中國化』，而是說『**台灣人（原台灣住民，包括山地與平地）若要去中國化，就必須要全部改回去**』。譚家化更知道（其實，中國壓霸集團全都心知肚明，連其黑道馬前卒也清楚得很；只有台灣聞達人士還繼續裝作不知道）：『原台灣住民現在所謂的姓氏、習俗都是三百五十年來強加給原台灣住民的，原台灣住民的文化、文明已幾乎完全被他們消滅。』所以她才敢狂妄地譏笑原台灣住民：『你們改得回去嗎？』但是，譚家化這段話會對『自認不屬於中國的新加坡唐山人』說嗎？當然不會！因為她知道，新加坡等南洋地區才是有早期唐山移民後代的地方，他們是華人、漢人沒錯！

　　甚至連一向惺惺作態的中國政治和尚『星雲』，也不再掩飾，大膽公開指著台灣人的鼻子，壓霸地大罵：『哪裡有台灣人？台灣已經沒有台灣人了！』狡猾地消遣認同台灣的善良中國移民，同時惡狠地羞辱原台灣住民。星雲經常扮演的是偽君子，現在見台灣聞達人士一直不知清醒，也要恢復『真小人』來過過

癮！

　　也因爲台灣聞達人士的不知清醒，還假裝是漢人（或半漢人），難怪中國蔣幫壓霸集團及其繼承人一貫自稱『高級中國人』（郭冠英只是公開狂叫的一個）之後，2014年4月1日，心狠手辣，被通緝多年，卻能回台又立即交保的竹聯幫黑幫大老張安樂（綽號白狼），更率眾到立法院（學生反服貿）挑釁，粗鄙、囂張地叫罵：『你們（台灣人）都是中國人╳出來的』，正面羞辱在台灣的善良中國移民，反面欺侮原台灣住民。清華大學副校長劉容生還立即出來幫腔說：『白狼只是說了社會不敢說的話，打了學生一個學校不敢打的耳光。』連高等學府中，新蔣幫中國壓霸集團的特派高層領導人，都敢公然大聲力挺中國來的大尾流氓，對台灣住民用粗鄙髒話叫罵，這就是中國壓霸集團眞正的野蠻、壓霸嘴臉。但是，若不是台灣聞達人士率先認盜作祖，台灣人如何會遭受這樣的踐踏和侮辱？被羞辱至此，若先生等人還自甘偽裝爲假高級的假唐山人、假漢人後代，還自甘這樣被繼續侮辱，那弟也眞是無話可說了。但是，你們對得起所

有原台灣住民嗎？

　　不過，白狼有一句話是說對了一部分，那就是『你們不配當中國人』。因為中國壓霸集團都知道，原台灣住民本來就不是唐山人、不是漢人、不是中國人，幾十年來卻有部分人一直硬要裝成假漢人、假華人；更有少數人一直硬要裝成假中國人（身陷『台灣受虐症候群』，拒絕康復）。這些要裝成假中國人的少數人，既未經正式申請程序，也沒得到中國的正式批准，所以不但永遠不是漢人、不是華人，也不配當中國人！

　　但是，多數的台灣人（包括原台灣住民以及1945年以後從中國逃亡來的善良難民移民）從來就沒想過要當中國人。白狼等中國壓霸集團的馬前卒，隨便用『你們不配當中國人』把大家（在台灣的善良中國移民以及原台灣住民）都罵進去，不是太自以為是、太不要臉、太霸道、太過份了嗎？但是，中國壓霸集團敢這樣囂張，難道不是台灣聞達人士和學者的責任嗎？」

　　台灣聞達人士：「好吧！那你說人『中了毒素』又『固而不化』，不也太過份了嗎？」

　　**筆者解說**：「『中了毒素又固而不化』是很難聽，但弟實在想不出一句好聽又切實的形容詞來用。弟就舉個重要，又與意識形態無關，且能輕易理解的例子，看先生您如何解說，弟願洗耳恭聽。

　　水庫的功能包括蓄水和防洪，這是小學生就讀過的。如今在台灣，水庫的防洪功能卻被霸權侵略者用來當作懲治台灣人的工具，被呆奴化的台灣聞達人士和學者卻無人能知曉、無人能看清楚！您說，這些台灣聞達人士和學者到底怎麼了？！

　　世界上每一個水庫都一樣，水庫建造完成後，除了要算出水庫蓄水量，第一件工作就是下雨量大時，需計算預測進水量（即時進水量加延遲進水時間的延遲進水量）。隨後則需監測並記錄水庫之不同出水速量到達下游各段河道時，水位上升與水位消退的速度和時間，以及河道的安全承受量，計算出水庫之安全放流速量，做為豪雨要來時，調解水量以避免水災的

依據。每一個水庫的集水區和下游河道的情況都不相同，所以各水庫都會有自己的一套安全數據，但原則是相同的。

水庫的共同安全原則是：當氣象預報降雨時間和降雨量時，就要計算預測進水量。預測進水量減去水庫達到安全滿水位前的可繼續儲備容量，即為預測溢水量。此時需立即依先前所測得的安全放流數據，配合大雨前的預測所剩時間，開始慢慢排放預測溢水量之半量，期盼大雨來臨之前排放完畢。愈接近大雨來臨時，氣象局會再修正預報降雨量，這時要隨之修正繼續排放的速度和水量。預先僅排放一半的預測溢水量，是為預防預報降雨量不準（實際降雨量不足）時可保障水庫的安全蓄水量。大雨來臨前的十二至二十四小時，雨量預報應該都已很準確，若大雨來臨前的預報降雨量仍有溢水量，即可在安全放流速量之內排放尚未放完的溢水量。大雨降下前的數小時內（依先前測得的水位消退速度和時間），必須停止水庫放流，以避免因排水河道擁塞而造成下游地區雨水排泄困難。另因為水庫集水區的降雨量常與下游地區降

雨量不同，大雨降下時，若下游地區降雨量是在安全範圍內，則可依水位上升與水位消退的速度、時間及河道的安全承受量，再隨時適度放流水庫尚未排放完的溢水量，並確保平地有宣洩雨水的空間。若持續進水量低於先前預測值，就增加存庫量，減少排放量。只有在水庫將要接近滿水位時，才進多少雨水就同時由溢洪道排放多少水量。這是兼顧水庫蓄水與防洪功能的共同準則，不論雨量多少，水庫均可將蓄水和防洪的功能做最大的發揮。除非有其他陰謀或特殊目的，水庫絕不會有全速洩洪這種事。

以上是放諸世界皆準的水庫蓄水和防洪原則。只要經過解釋、說明，一般人都可以輕易瞭解。但是近六年來，台灣水庫除了蓄水功能，卻一直成為壓霸政權懲治台灣人的工具。

2009年莫拉克颱風過境帶來豪雨，壓霸政權故意不預先做防洪性水庫放水。高屏地區於8月7日、8日大淹水，壓霸政權也故意不救災，他們想不到有媒體看穿，大肆報導、責罵。壓霸政權為轉移焦點，於是算準8月8日夜晚適逢海水大滿潮，故意於8月8日夜晚

12點下令曾文水庫、烏山頭水庫、白河水庫同時閘門全開，導致大台南地區在無風又無雨的8月9日，竟發生史上從未有過的悲慘大水災。

弟得知有地方官員要發動去抗議，弟趕緊打電話、寫信報告，細說以上的水庫蓄水和防洪原則。再加說明：三水庫同時全速洩洪，必是當權者的陰謀，故意下令操作。因為每個水庫都有自己一套不同的蓄水和防洪安全數據，不可能同時全速大排放。而且，雨停後水庫僅須隨時排放延遲進水量即可，如此違反常理又陰狠的作為，顯然意在教訓大台南地區住民（大台南地區多數人反對中國國民黨的壓霸政權，在選舉時更明白顯示），並企圖轉移8月7日、8日高屏地區故意不救災的大量新聞報導。可惜沒人理會，去抗議時還是僅抗議淹水，沒說出其陰謀的重點。讓中國壓霸集團可以用『水庫蓄水已到警戒線，洩洪是不得已的事』做為搪塞。

壓霸政權食髓知味，2013年故技重演。康芮颱風從台灣北方經過，氣象局預報南方水氣會帶來超大的降雨量。壓霸政權又重施故計，故意不預先做防洪性

水庫放流，等2013年8月27日大雨即將開始下時，水庫才開始放水，故意先把排水河道灌滿，地面雨水當然引流不出去，雨水只能反向溢流，果然平地下半夜就被水患淹慘了。馬幫政權卻利用媒體把罪過全推到台南市長賴清德身上，說他救災不力。到8月28日入夜，大雨已停，曾文水庫又再全速洩洪，再造成官田、麻豆和下營地區大淹水，直到9月1日中午大水才開始漸漸退去。弟實在替市民婉惜，也替賴市長抱屈，於是又趕緊打多次電話、寫信，說明台南地區一再淹水的內情，而且道理就這麼簡單，容易明瞭。一樣沒人理睬。弟心想，在台灣受虐症候群心理問題下，他們不理會非聞達之人，是可理解。於是弟請一位聞人轉告，得到的回答竟是：「可寫信到市民信箱，那裡有專人負責回覆。」弟又不是市民陳情，且單寫信也來不及。弟是好意提醒你們，幫你們解決問題並洗清抹黑。即使弟寫信到市民信箱，不是也要轉給上級官員，上級官員才能知道嗎？弟直接指名告知，不是更省時省事嗎？何況你們還不是一樣把來信當垃圾丟了嗎？喔，原來只要是非聞達人士來信，他

們的習慣是立即丟棄；電話也拒絕轉告。原來，台灣聞達人士已自成一個封閉的貴族階級。所以弟只好向所謂中立媒體投書，連續兩次也如石沉大海，無聲無息。

另一方面，弟不禁開始懷疑自己，自己是不是瘋了，或已進入老人癡呆，可能是自己理解錯誤而不自知，所以才無人理會。於是弟親自前往拜會幾位與水利相關的大學教授，他們竟然都說：『你所述完全正確，那都是水庫蓄水和防洪的常識。但我們學術單位只在受到諮詢時才提供意見，不會糾正政治人物的作為，也不主動替政治人物解危。』弟整個心都沉了，啞口無言。

就僅隔了三星期，9月20日氣象局預報，天兔颱風通過巴士海峽往西走，台灣東部和屏東會有豪大雨，中北部22日後會有大雨，嘉南地區則連大雨都稱不上。曾文水庫卻不知是何用心，於9月20日開始洩洪，搶先再淹你一次。不知只是故意要再借淹水教訓大台南地區住民一次，消遣台灣呆奴（真狠！），還是更存心要以冬季過後的缺水再凌虐台灣呆奴一次

（太狠了！）。果然，大台南地區於2014年2月就開始缺水了！而高高在上的台灣聞達人士，還是對一再淹水、缺水的原因無感，並從未仔細思考過，也一再高傲地拒絕民眾的好意提醒。台灣普羅大眾卻因而就繼續等著任由壓霸集團宰割了！筆者再多次電話、寫信說明，還是沒人理睬。請問，這些事簡明易懂，也無關意識形態了吧！如此這般的結果，如果不是中了毒素又固而不化，又要如何解釋？由您來說，弟願洗耳恭聽。」

# 《失落的智慧樂土：
# 台灣原本文明思想起》

## 姜林獅先生口述　埔農筆記/註證

姜林獅(1908-1966)，台灣傳統工程師，出生於日本據台初期的台南鄉間，從未受過學校教育，只是鄉村的傳統農夫，但工程學識豐富，全來自私下的代代師承相傳。他農閒時替人挖井、修井；建造或整修傳統工場、橋樑。台灣現有的素人房屋移動專家，都是他所傳授出來的，已到第三、四代。他大概是台灣原古文明的最後一個活遺跡了。

姜林獅畏避政治，從不談論政治，卻被中國蔣幫壓霸集團以「有反政府言論的人認識他」為罪名，關到火燒島(綠島)。直到在火燒島感染了肺結核，才被放回來。1955年被放回來的姜林獅，知道以自身的健康情況，沒能再活幾年了，於是招收學徒，盡力傳授當時所謂現代科技欠缺的工程技術和學問。當時埔農唸小學，他見埔農勤快，凡事用心，肯做、肯學，只要有空，就對埔農說起台灣五千多年來的歷史情事。他總是不時反問，要確定埔農對他所言內容的認知無誤。

本書就是埔農對上述口述的紀錄，並增補上第一手歷史文獻的相關記載，以及踏訪全台各地所尋獲的諸種資料，做為姜林獅先生口述內容的學術註解。透過本書，讀者將能瞭解五千年前台灣原古文明的實際運作狀態、對外和平傳播的過程，以及外來政權如何殘酷地將台灣住民洗腦、改造，並摧毀這一智慧樂土的慘況。

讀完本書，讀者當能懂得台灣真正的歷史和文化精神，不再盲目的自卑媚外，重拾身為台灣人應有的自信與展望。

NC84/G16K/160頁

### 埔農

復興台灣原本文明的奉獻者。生長在台灣傳統鄉村農家，自幼浸潤於敬天地而重萬物，盡本份而惜福報的環境，較能不受虛榮左右，不為名利而妥協，一直本著仔細觀察、小心求證的精神。求學後回歸鄉里。台灣人民五、六十年來受脅迫、誘騙、洗腦所產生的質變，作者看在眼裡，憂心忡忡，持續在檯面下默默為復甦台灣心靈努力。除本書外，另著有上下兩冊的《台灣受虐症候群》(前衛，2012)。

# 《中國癌》
## China Cancer

名為「中國」的癌細胞
擴散到全世界的「中國癌」
中國人也是「中國癌」的受害者
治「中國癌」殺手：NK淋巴球
法輪功具備所有淋巴球要素
……

NC85/G16K/232頁

在生物世界，一般正常的細胞都有自我增生、自我死滅的自然法則，反覆進行著新生與死亡的新陳代謝，唯獨一種名為「癌」的細胞反其道而行，它吃掉周邊正常細胞，自己無限增殖，而且拚命擴散其惡質細胞，侵蝕、破壞生命體及生態系機能，所以一旦罹患癌症，尤其到癌症末期，通常表示事態已非常嚴重，命在旦夕了。

若以這種生物學的觀點來看中國，現今中國正已全面蔓延著這種恐怖的惡質細胞，並以其侵略本性逐漸擴散到世界，這種惡質細胞，旅日台灣人醫師林建良博士特以貼切的強烈造語，名之為「中國癌」，它難纏又棘手，全世界都應當提高警戒。

有什麼方法可以有效醫治「中國癌」嗎？有的，林建良醫師的處方箋是：NK淋巴球的免疫療法，用生物界本身的防禦組織NK淋巴球對抗、消除癌細胞。

中國內外究竟有多少種NK淋巴球呢？它有什麼功用？如何運作？請閱林建良著《中國癌：台灣醫師的處方箋》。

**林建良** 1958年生於台灣台中市。1987年以日本交流協會獎學生到日本留學。東京大學醫學部。醫學系研究科第一臨床醫學博士課程修了，醫學博士。現於日本栃木縣從事地域醫療工作。前在日台灣同鄉會會長、網路新聞「台灣の声」編集長、台灣獨立建國聯盟日本本部中央委員、日本李登輝之友會常務理事。「正名運動」命名者。

# 劉重義著《網際時代的台灣民族運動 2.0》
## Taiwanese National Movement 2.0 in the Cyber Era

鄭欽仁教授、陳永興醫師、施正鋒教授推薦！
本書是跨資訊科技、革命理論、台灣民族運動三大領域的精心著作！

台灣民族運動如果要回歸正確的鬥爭理念與行動方法，台灣人就必須突破傳統的思維，群眾必須堅決起來自己領導民族運動。網際空間所孕育的革命2.0環境正好帶來了成功的契機。

本書的第一章，從資通訊科技環境的發展及其對社會的影響來介紹革命2.0這個經過成功驗證的新概念；而第二章則以現代的語言與思想來解釋民族主義和它的功能，並以科學的論證啟發台灣民族意識；第三章檢討台灣民族運動1.0的興衰並論述其衰退的主要原因；第四章則為台灣民族運動2.0鋪設在現實國際環境下推展運動的理論基礎。有些讀者可能對「赤藍人」這個名詞覺得生疏，它在第二章有清楚的定義和解釋，基本上是指堅持自己仍是「中國人」的「外省人」。

**劉重義** 台南市人，台南一中、清華大學畢業後，前往美國俄亥俄州立大學進修，1977年取得數學博士學位後，應聘到George Mason University任助理教授，之後在美國電腦資訊工業界服務超過二十年。2005年回台灣定居，在國家實驗研究院科技政策與資訊中心任職，並在台灣科技大學兼任教授。

NC86/G16K/464頁

# 日本Ko Bunyu黃文雄用功最深、顛覆道統之作

## 《儒禍》 前衛出版

深究歷史，儒教根本就是帝王的統治術、
封建專制獨裁的護身符、思想的麻藥、倫常的緊箍咒…
「儒」之為禍，大矣！

NC90/G16K/416頁

◎你知道儒家代表孔子(孔老二)為何要周遊列國嗎？
　他其實是在尋找「出仕」機會，想做官，食頭路，順便推
　銷他那一套死人骨頭的崇古虛禮，搞神秘。可憐後世人竟
　當真，奉行不逾，擎香遶拜。

◎你知道儒教集團最初是一群婚喪禮儀業者嗎？
　他們察言觀色，能言善道，包攬民間祭祠，又結合政客，
　呼風喚雨，充分展現政治群體效益。

　　馬英九幫等「中國古人」們，自封儒家嫡傳，宣稱溫良恭儉讓，其實心口不一，
多行不義，還自認「替天行道」，狗屁倒灶！厚黑到家！

　　儒教在中國數千年的發展，陽奉陰違，造就中國社會慾望最高，道德最低。

　　台灣人半路認老爸，自甘受儒家四書五經、三綱五常、四維八德……洗腦灌輸，
自生到死都受儒教束縛宰制，永不翻身！死好！

　　福澤諭吉(1834-1901，日本明治維新大思想家)說：一個國家社會，若儒術越發
達，儒學愈興盛，只會造成更大的惡，人們的智慧德行每況愈下，惡人與愚者大
增，禍患無窮。

## 讀經班必讀!!

　　儒家思想極端尚古主義，所以「周公之道」陰魂不散，人民在其教化下，行「周公之禮」，也常「夢見周公」，死抱傳統，專食古人餘唾，食古不化。

　　儒教更榜標德治主義，所以「誠意、正心、修身、治國、平天下」震天價響，人民滿口仁義道德，但什麼是仁義道德，連儒教教主孔子自己都語焉不詳，後世腐儒爭論了兩千多年，也無清楚定論，頂多就「見仁見智」了，難怪假仁義、偽道德充斥，「賢者」自說自話，愚者信以為真，社會大亂！

　　儒教宣揚「綱常名教」，奉四書五經為教典，其實儒教三綱五常的倫理觀，正是劣根性社會的精神鴉片，也是專制獨裁者的統治護身符，難怪中國歷代帝王最愛儒家，定為國教，國民政府也愛，現今的馬英九更愛。

　　因為儒術用來麻痺人心、馴服順民、壓制反叛最有功效。

國家圖書館出版品預行編目資料

原台灣人身份認知辨悟：與台灣聞達人士問答錄
／埔農著.
- - 初版.- - 台北市：前衛，2014.07
160面；15×21公分

ISBN 978-957-801-749-8（平裝）

1. 台灣史　　2. 文明史

733.21　　　　　　　　　　　　　103012550

# 原台灣人身份認知辨悟

作　　者　埔農
責任編輯　周俊男
美術編輯　宸遠彩藝
出 版 者　台灣本鋪：前衛出版社
　　　　　10468 台北市中山區農安街153號4F之3
　　　　　Tel：02-2586-5708　Fax：02-2586-3758
　　　　　郵撥帳號：05625551
　　　　　e-mail：a4791@ms15.hinet.net
　　　　　http://www.avanguard.com.tw
　　　　　日本本鋪：黃文雄事務所
　　　　　e-mail：humiozimu@hotmail.com
　　　　　〒160-0008 日本東京都新宿區三榮町9番地
　　　　　Tel：03-3356-4717　Fax：03-3355-4186
出版總監　林文欽　黃文雄
法律顧問　南國春秋法律事務所林峰正律師
總 經 銷　紅螞蟻圖書有限公司
　　　　　台北市內湖區舊宗路二段121巷19號
　　　　　Tel：02-2795-3656　Fax：02-2795-4100
出版日期　2014年7月初版一刷

定　　價　新台幣200元
©Avanguard Publishing House 2014
Printed in Taiwan　ISBN 978-957-801-749-8

＊「前衛本土網」http://www.avanguard.com.tw
＊請上「前衛出版社」臉書專頁按讚，獲得更多書籍、活動資訊
　　http://www.facebook.com/AVANGUARDTaiwan